Alejandro de Humboldt

Breviario
del Nuevo Mundo

Edición de Oscar Rodríguez Ortiz

Barcelona **2023**
linkgua-digital.com

Créditos

Título original: Antología.

© 2023, Red ediciones S.L.
Traducción de: Marta Traba

e-mail: info@linkgua.com

Diseño de cubierta: Mario Eskenazi.

ISBN rústica: 978-84-9007-777-1.
ISBN ebook: 978-84-9007-475-6.

Sumario

Brevísima presentación

La vida

Alejandro de Humboldt nació en Berlín, 14 de septiembre de 1769 y murió en la misma ciudad el 6 de mayo de 1859. Fue naturalista, geólogo, mineralogista, astrónomo, explorador, sismólogo, vulcanista y demógrafo.

Apasionado por la botánica, la geología y la mineralogía, tras estudiar en la Escuela de Minas de Freiberg y trabajar en un departamento minero del gobierno prusiano, en 1799 recibió permiso para embarcarse rumbo a las colonias españolas de América del Sur y Centroamérica.

Entre 1804 y 1827 se estableció en París, donde se dedicó a la recopilación, ordenación y publicación del material recogido en su expedición, contenido en treinta volúmenes que llevan por título *Viaje a las regiones equinocciales del Nuevo Continente*.

Considerado como uno de los últimos grandes ilustrados, Humboldt tuvo una vasta cultura enciclopédica, cuya obra abarcaba campos tan dispares como los de las ciencias naturales, la geografía, la geología y la física.

Bolívar solía decir de Humboldt: «Descubridor científico del Nuevo Mundo cuyo estudio ha dado a América algo mejor que todos los Conquistadores juntos».

La antología

Esta antología contiene textos que Alejandro de Humboldt escribió durante su viaje, acompañado del naturalista francés Bonpland, entre 1799 y 1804.

A pesar de ser el primer geógrafo e historiador de la América española, el barón alemán no tenía entre sus objetivos recorrer la América equinoccial, y menos aún visitar el virreinato de la Nueva Granada.

El propósito de visitar el Nuevo Mundo surge cuando fracasa su idea de unirse con el capitán y explorar el continente africano. En 1799 se dirige a España con el fin de solicitar los permisos necesarios para llegar a América.

Durante todo el viaje por el Nuevo Continente, Bonpland y Humboldt recolectaron numerosas plantas y estudiaron más de un millar de especies. Humboldt también se interesó mucho en la distribución geográfica y altitudinal de las plantas, levantando perfiles de mapas sobre la distribución de diversas asociaciones vegetales. En sus viajes descubrió el principio ecológico de la relación entre la latitud y la altitud, al describir que subir una montaña en el trópico es análogo a viajar desde el Ecuador hacia el norte o hacia el sur, en términos de clima y vegetación.

Breviario del Nuevo Mundo

Escenario de un mundo inmenso

Las posesiones españolas del Nuevo Continente ocupan la inmensa extensión de terreno comprendida entre los 41° 43' de latitud austral y los 37° 48' de latitud boreal. Este espacio de 79° es no solo igual en largo a toda el África, sino que es mucho más ancho que el imperio ruso, el cual comprende 167° de longitud en un paralelo cuyos grados no son sino la mitad de los grados del Ecuador.

El punto más austral del Nuevo Continente habitado por los españoles es el fuerte Maulín, cerca del pueblo de Carelmapu en las costas de Chile, enfrente del extremo septentrional de la isla de Chiloé. Se ha empezado a abrir un camino desde Valdivia hasta este fuerte de Maulín; empresa atrevida, pero tanto más útil cuanto un mar constantemente agitado hace aquella costa siempre peligrosa e inaccesible gran parte del año. Al sur y sudeste del fuerte Maulín, en el golfo de Ancud y en el de Reloncaví por el cual se va a los grandes lagos de Nahuelhapi y de Todos Santos, no hay establecimientos españoles. Por el contrario, hay algunos en las islas vecinas de la costa oriental de Chiloé, hasta los 43° 34' de latitud austral en que está la isla Cailín, enfrente de la alta cima del Corcovado, habitada por algunas familias de origen español.

El punto más septentrional de las colonias españolas es la Misión de San Francisco en las costas de la Nueva California, a 7 leguas al noroeste de Santa Cruz. Por consiguiente, la lengua española se halla extendida por un espacio de más de 1.900 leguas de largo. Bajo el sabio ministerio del conde de Floridablanca[1] se estableció una comunicación arreglada de correos desde el Paraguay hasta la costa noroeste de la América Septentrional. Un fraile, colocado en la misión de los indios guaranís, puede seguir correspondencia con otro misionero que habite el Nuevo México, o en los países vecinos al cabo Mendocino, sin desviarse mucho sus cartas del continente de la América española.

Los dominios del rey de España en América son de mayor extensión que las vastas regiones que la Gran Bretaña o la Turquía poseen en Asia. Se dividen en nueve grandes gobiernos que se pueden mirar como independientes

---

[1] *Ensayo político sobre el reino de la Nueva España*. Estudio preliminar, revisión del texto, notas y anexos de Juan A. Ortega y Medina. México: 3.ª ed., Porrúa, 1978, págs. 3-4.

unos de otros. Cinco de ellos, a saber: los virreinatos del Perú y de la Nueva Granada, las capitanías generales de Guatemala, Puerto Rico y Caracas, están comprendidos en la zona tórrida; las otras cuatro divisiones, esto es, el virreinato de México, el de Buenos Aires, la capitanía general de Chile y de La Habana, en la que se comprenden las Floridas, abrazan países cuya mayor parte está fuera de los trópicos, o sea en la zona templada. Veremos más adelante que esta posición por sí sola no es la que determina la diversa naturaleza de las producciones que ofrecen estos hermosos países. La reunión de muchas causas físicas, tales como la grande altura de las cordilleras, sus enormes masas, los muchos llanos 2 o 3.000 metros elevados sobre el nivel del Océano, dan a una parte de las regiones equinocciales una temperatura propia para el cultivo del trigo y de los árboles frutales de Europa. La latitud geográfica influye poco en la fertilidad de un país en que la naturaleza ha reunido todos los climas en la cumbre y en las faldas de las montañas.

Entre las colonias sujetas al dominio del rey de España, México ocupa actualmente el primer lugar, así por sus riquezas territoriales como por lo favorable de su posición para el comercio con Europa y Asia. No hablamos aquí sino del valor político del país, atendido su actual estado de civilización que es muy superior al que se observa en las demás posesiones españolas. Es cierto que muchos ramos de agricultura han llegado a mayor grado de perfección en Caracas que en la Nueva España. Cuantas menos minas tiene una colonia, tanto más se dedica la industria de los habitantes a sacar fruto de las producciones del reino vegetal. La fertilidad del suelo es mayor en la provincia de Cumaná, Nueva Barcelona y Venezuela: es mayor a las orillas del bajo Orinoco y en la parte boreal de la Nueva Granada que en el reino de México, en el cual las más de sus regiones son estériles, faltas de agua, y se ofrecen a la vista desnudas de vegetación. Pero considerando la grande población del reino de México, el número de ciudades considerables que están próximas unas de otras, el enorme valor del beneficio de los metales y su influencia en el comercio de Europa y Asia; examinando, en fin, el estado de poca cultura que se observa en el resto de la América española, se inclina el juicio a tener por bien fundada la preferencia que la corte de Madrid da, mucho tiempo hace, a México sobre todas las demás colonias suyas.

Montañas de la Nueva Andalucía

Nuestra primera excursión a la península de Araya, fue seguida de otra más larga y más instructiva en lo interior de las montañas, a las misiones de los indios chaimas, donde varios objetos de interés llamaban nuestra atención. Entrábamos en un país cubierto de bosques, e íbamos a visitar un convento rodeado de palmeras y de helechos, situado en un valle ancho, donde, en el centro de la zona tórrida, se goza de un clima fresco y delicioso. Las montañas inmediatas contienen cavernas habitadas por millares de aves nocturnas; y lo que admira la imaginación más que todas las maravillas del mundo físico, es el encontrar al otro lado de aquellas montañas, un pueblo que poco ha era todavía errante, ajenas salido del estado de la naturaleza, salvaje sin ser bárbaro, y estúpido antes por ignorancia que por un largo embrutecimiento a este poderoso interés se mezclan involuntariamente varios recuerdos históricos.

En el promontorio de Paria fue donde Colon reconoció la primera tierra continental; en él terminan aquellos grandes valles devastados tan pronto por los Caribes guerreros y antropófagos, como los pueblos comerciantes y civilizados de Europa. A principios del siglo XVI, los infelices indios de las costas de Campano, de Macarapan y de Caracas, fueron tratados como lo han sido en nuestros días los habitantes de la costa de Guinea. El terreno de las Antillas era cultivado, se transplantaban a él las producciones del antiguo continente, mas Tierra Firme estuvo mucho tiempo sin un sistema regular de colonización; si los Españoles visitaban su litoral, era solo por procurarse esclavos, perlas, granos de oro, y palo de tinte, ya por medio del cambio ya por el de la violencia. Creyóse ennoblecer los motivos de tan insaciable avaricia, afectando un celo ardiente por la religión, pues cada pueblo tiene sus ideas y su carácter particular.

El comercio de los indígenas de color bronceado fue acompañado de los mismos actos de inhumanidad que el de los negros africanos: desde entonces fueron más frecuentes las guerras entre los indígenas; los prisioneros eran conducidos a las costas para ser vendidos a los blancos que los cargaban de cadenas en sus buques, sin embargo de que los españoles eran en aquella época y fueron todavía mucho tiempo después, una de las naciones más civilizadas de la Europa. El siglo brillante de León X fue señalado en el nuevo mundo por actos de crueldad que más parecen pertenecer a los tiempos de la mayor barbarie.

El comercio de esclavos había cesado en la Tierra Firme; mas los conquistadores, continuando sus excursiones, prolongaban aquel sistema de guerra que ha disminuido la populación americana, perpetuado los odios nacionales y sofocado por mucho tiempo el germen de la civilización. Por fin los misioneros protegidos por el brazo secular, hicieron resonar las palabras de paz: a la religión pertenecía consolar la humanidad de una parte de los males causados, bajo su nombre; ella ha abogado la causa de los indígenas ante los reyes, ha resistido a las violencias de los comendatarios, y ha reunido las tribus errantes en unas pequeñas comunidades que llaman misiones, y cuya existencia favorece los progresos de la agricultura.

De este modo se han formado insensiblemente, pero con una marcha uniforme y premeditada, aquellos vastos establecimientos monásticos y aquel régimen extraordinario que al paso que buscan el retiro y la soledad, pone bajo la dependencia de las órdenes religiosas unos países cuatro o cinco veces mayores que la Francia. Estas instituciones tan útiles para detener la efusión de sangre y para sentar las primeras bases de la sociedad, han sido después perjudiciales a sus progresos. Tales han sido los efectos de aquel sistema, que los indios han quedado en un estado poco diferente del que tenían cuando sus habitaciones esparcidas no estaban todavía reunidas en torno de la del misionero.

Su número ha aumentado considerablemente, pero no la esfera de sus ideas: han perdido progresivamente aquel vigor de carácter, y viveza natural, que en todos los estados del hombre, son los nobles frutos de la independencia: se les ha hecho estúpidos a fuerza de hacerlos obedientes y sometiendo a reglas invariables hasta las menores acciones de su vida doméstica. Su manutención está en general más asegurada, sus costumbres se han hecho más dóciles, pero reducidos a la opresión y a la triste monotonía del gobierno de las misiones, anuncian por un semblante sombrío y concentrado cuan a su pesar han sacrificado la libertad al reposo.

El régimen monástico arrebata al estado varios ciudadanos útiles, y los restringe en los muros de un claustro; a veces, puede servir a calmar las pasiones, a consolar las grandes penas y fomentar el espíritu de la meditación;

pero transplantado a los bosques del nuevo mundo aplicado a la multitud de relaciones de la sociedad civil produce efectos tanto más funestos cuanto más dure su dominación. Entorpece el uso de las facultades intelectuales de una a otra generación, impide las comunicaciones entre los pueblos, y se opone a todo lo que engrandece el alma y eleva los conceptos. Por la reunión de todas estas causas diversas, los indígenas que habitan en las misiones, se mantienen en un estado de incultura que podríamos llamar estacionaria, sino fuera porque las sociedades siguen la misma marcha que el espíritu humano, es decir, sino retrocediesen siempre que cesan de adelantar.

El día 4 de septiembre a las cinco de la mañana, emprendimos nuestro viaje a las misiones de los indios chaimas, y al grupo de montañas elevadas que atraviesan la Nueva Andalucía. La mañana estaba fresca y deliciosa: el camino, o por mejor decir, la senda que va a Cumanacoa, sigue la orilla derecha del Manzanares, pasando por el hospicio de los capuchinos, situado en un pequeño bosque de guayacos y alcaparros[2] arborescentes. Saliendo de Cumaná, desde lo alto de la colina de San Francisco, gozamos mientras la corta duración del crepúsculo, de una vista extendida sobre el mar, sobre la llanura cubierta de Beras de flor dorada[3] y sobre las montañas del Brigantin.

En el hospicio de la *Divina Pastora*, se dirige el camino hacia el nordeste y atraviesa durante 2 leguas, un terreno desprovisto de árboles y nivelado antiguamente por las aguas. No solamente se hallan cacteros, copas de tribulus con hojas de ciste, y la hermosa euforbia purpúrea, cultivada en los jardines de La Habana bajo el raro nombre de *Dictamno real*, sino también la *avicemnia*, la *alionia*, el *sesuvium*, el *thalinum*, y la mayor parte de las portuláceas que crecen en los bordes del golfo de Curiaco. Esta distribución geográfica de las plantas parece designar los límites de la antigua costa, y probar, según hemos indicado, que las colinas, cuya falda meridional recorrimos, formaban antes un islote separado del continente por un brazo de mar.

Al cabo de dos horas de marcha, llegamos al pie de la alta cordillera del interior que se prolonga del este al oeste, desde el Brigantin al cerro de San

---

2   En el país llaman a estos alcaparros: pachaca, olivo, asito; y son los *capparis tennisiliqua, Jacq., c. ferrugina, c. emarginata, c. elliptica, c. reticulata, c. racemosa.*

3   Palo sano, *Zygophyllum arboream*, Jacq. Los flores tienda el olor de la vainilla.

Lorenzo: allí comienza un nuevo género de montañas y con ellas un nuevo aspecto de vegetación. Todo toma un carácter más majestuoso y pintoresco: el terreno está cortado en todas direcciones y regado con infinitos manantiales; en las hondonadas se elevan árboles de una altura gigantesca, y cubiertos de enredadera; un corteza negra y quemada por la acción del Sol y del oxigeno atmosférico, contrasta con la fresca verdura de los Pothos y de los Dracontium, cuyas correosas y lucientes hojas tienen a veces, muchos pies de largo. Diríase que los monocotiledones parásitos reemplazan, entre los trópicos, al musgo y a los líquenes de nuestra zona boreal. A medida que nos adelantábamos, las montañas de roca, tanto por la forma como por su enlace, nos representaban los sitios de la Suiza y del Tirol.

En aquellos Alpes de la América, vegetan, a unas alturas muy considerables, los heliconia, los cortus, los maranta, y otras plantas de la familia de las cañas de indias, que cerca de las costas solo prosperan en los terrenos bajos y húmedos; de manera que por una extraordinaria semejanza, tanto en la zona tórrida como en el norte de la Europa, bajo la influencia de un clima cargado de vapores, como sobre un suelo cubierto de nieves, ofrece la vegetación de las montañas todos los caracteres que marcan la vegetación de los terrenos pantanosos. Antes de dejar las llanuras de Cumaná, y el asperón o piedra arenisca y caliza que constituye el suelo del litoral, hablaremos de las diferentes capas de que se compone esta formación muy reciente, tal cual la hemos observado en las faldas de las colinas que circundan el castillo de San Antonio.

El *asperón* o *piedra caliza* es una formación local y parcial propia a la península de Araya, al litoral de Cumaná y al de Caracas: la hemos hallado también en el cabo blanco, al oeste del puerto de la Guaira, donde contiene fragmentos a veces angulosos de cuarzo y de gneis, y despojos de conchas y de madréporas. Cerca de Cumaná, se compone la *formación del asperón*; 1.º de una *caliza compacta*, gris blanquinosa, cuyas capas unas horizontales y otras inclinadas irregularmente, tienen 5 a 6 pulgadas de espesor: algunos bancos están casi sin mezcla de petrificaciones; en la mayor parte se encuentran con tal abundancia, los cardites, turbinites, ostracites y otras varias conchas de pequeñas dimensiones, que la masa caliza no forma sino un cimento por el cual están unidos los granos de cuarzo y los cuerpos orgánicos; 2.º de un *asperón calcáreo*, en el cual los granos de arena son mucho más frecuentes que las conchas petrificadas: otras capas forman un asperón enteramente desprovisto de despojos orgánicos, que hace poca efervescencia con los ácidos y que engasta, trozos de mina de yerro, oscura y compacta; 3.º de bancos de *arcilla endurecida* que contienen selenita o espejuelo, y hojas de gipse:[4] estos últimos bancos ofrecen mucha analogía con la arcilla muriatífera de Punta Araya y aparecen siempre inferiores a las capas precedentes. Esta formación del *Asperón* o *aglomerat* del litoral, tiene una tintura blanca; luego se apoya contra la caliza de Cumanacoa que es gris azulada, siendo de notar, que en el contacto de las dos formaciones sobre dichas, los bancos de la caliza de Cumanacoa que yo considero como una *caliza alpina*, están comúnmente muy cargados de arcilla y de marga.

Atravesamos el bosque por un sendero estrecho, siguiendo un arroyo que corre por un lecho de peñascos: observamos que era más hermosa la vegetación en los parajes donde la *caliza alpina* estaba cubierta con un *asperón cuarzoso*, sin petrificaciones y muy distinto del *asperón del litoral:* la causa de este fenómeno consiste probablemente, menos en la naturaleza del terreno, que en la mayor humedad del suelo. En estos sitios húmedos, donde el asperón envuelve la caliza alpina, es donde se halla constantemente alguna traza de cultura: hallamos cabañas habitadas por mestizos en el barranco de los frailes y entre la cuesta de Caneyes y el río Guriental: cada una de estas cabañas está colocada en el centro de un cercado que contiene bananos, papayos, caña de azúcar y maíz. Se podría admirar la corta extensión de aquellos terrenos cultivados, sino se recordase que una porción de terreno cultivado en bananos, produce cerca de veinte veces más substancia alimenticia que el mismo terreno sembrado de cereales.

En Europa, nuestras gramíneas nutritivas, el trigo, la cebada y el centeno, cubren unas vastas extensiones del país; las tierras cultivadas se tocan necesariamente, en todo país donde los pueblos saquen su sustento de los cereales; mas no sucede así en la zona tórrida, donde el hombre ha podido apropiarse vegetales que dan cosechas más abundantes y menos tardías. En aquellos climas dichosos, la inmensa fertilidad del suelo corresponde con la humedad y el calor de la atmósfera. Una numerosa populación halla su

---

4   Esta formación se encuentra al norte del castillo de San Antonio muy cerca de Cumaná.

alimento en abundancia, en un pequeño espacio cubierto de bananos, de yuca, de batatas y de maíz. La soledad de las cabañas dispersas en medio del bosque, indica al viajero la fecundidad de la naturaleza; a veces un pequeño rincón de tierra cultivada es suficiente al sustento de varias familias.

Estas observaciones sobre la agricultura de la zona tórrida, recuerdan las íntimas relaciones que existen entre la extensión de los terrenos abiertos para su cultivo, y la de los progresos de la sociedad: esta riqueza del suelo, esta fuerza de la vida orgánica, al paso que multiplica los medios de subsistencia, activa la marcha de los pueblos hacia la civilización. Bajo un clima dulce y uniforme, la única necesidad del hombre es el sustento; el sentimiento de esta necesidad es lo que le excita al trabajo, y se concibe fácilmente el motivo por qué en el seno de la abundancia y bajo la sombra de los bananos y del árbol del pan, se desenvuelven menos rápidamente las facultades intelectuales, que bajo un cielo riguroso como el de la región de los cereales, donde nuestra especie está en continua lucha con los elementos. Cuando se extiende un golpe de vista general a todos los países ocupados por los pueblos agrícolas, se observa que los terrenos cultivados están separados por selvas o se tocan inmediatamente, no solo según el número de la población, sino también según la elección de plantas alimenticias. En Europa juzgamos el número de los habitantes por la extensión del terreno cultivado; bajo los trópicos al contrario, en la parle más cálida y más húmeda de la América meridional, las provincias más pobladas parecen casi desiertas, porque el hombre para alimentarse no somete al cultivo sino un corto trecho del país.

Estas circunstancias tan dignas de atención, modifican a un tiempo el aspecto físico del país, y el carácter de sus habitantes; dan a uno y otro una fisonomía particular y aquel aire agreste e inculto que pertenece a una naturaleza, cuyo tipo primitivo no ha sido todavía alterado por el arte. Sin vecinos, casi sin comercio con los hombres, cada familia de colonos forma una población aislada; esta soledad detiene o entorpece los progresos de la civilización, la cual no puede acrecentarse sino a medida que la sociedad se hace más numerosa y que sus lazos son más íntimos y multiplicados; más la soledad desenvuelve también y fortalece en el hombre el sentimiento de la independencia y de la libertad; y ella misma ha alimentado aquella fiereza de carácter que, en todos tiempos, ha distinguido a los pueblos de raza castellana.

A medida que nos internábamos en el bosque, nos indicaba el barómetro la elevación progresiva del Sol: a cosa de las tres de la tarde hicimos alto en una pequeña altura que designan con el nombre de *Quetepe* y que está elevada a unas 190 toesas sobre el nivel del mar: se han construido algunas casas cerca de un manantial muy celebrado entre los indígenas por su frescura y salubridad, cuya agua nos pareció, en efecto, excelente. Al hablar de las fuentes que brotan en las llanuras, de la zona tórrida o en parajes poco elevados de la misma, observaré, que generalmente, solo en las regiones en que la temperatura media del verano, se diferencia mucho de la del año entero, pueden los habitantes beber agua de las fuentes extremamente frescas en la estación de los grandes calores. Los lapones cerca de Omeo y de Sorsele, bajo los 65º de latitud, se refrescan con agua de fuentes, cuya temperatura en el mes de agosto, apenas está 2 o 3º sobre el punto de congelación, mientras que en aquellas mismas regiones boreales se eleva el calor del aire a 26 o 27º, a la sombra.

Desde lo alto de una colina de asperón que domina al manantial de Quetepe, gozamos de una vista magnifica sobre el mar, el cabo Macanao, y la península de Maniquarez: un inmenso bosque se extendía a nuestros pies hasta las orillas del Océano; las cimas de los árboles, entrelazadas con el bejuco, y coronadas con largos penachos de flores, formaban un vasto tapiz de verdura, cuyo color oscuro realzaba el resplandor de la luz aérea. El aspecto de aquel punto nos deleitaba mucho más, por ser la primera vez que nuestra vista abrazaba aquellas grandes masas de la vegetación de los trópicos. En la colina de Quetepe, cogimos al pie del *Malphighia cocolloboefolia*, cuyas hojas son en extremo correosas, y entre las mazorcas de *Poligala montana*, los primeros *Melástomos*, sobre todo, aquella bella especie designada bajo el nombre de *M. Refuscens*. El recuerdo de este punto será siempre grato a nuestra memoria, así como todo viajero conserva una viva predilección por los parajes donde ha encontrado un grupo de plantas que no ha visto todavía en el estado salvaje.

Siguiendo hacia el sudoeste se encuentra un terreno árido y arenoso: trepamos un grupo de montañas bastante elevadas que separan la costa de las vastas llanuras o sábanas limitadas por el Orinoco; la parte de este grupo por la cual pasa el camino de Cumanacoa, está desprovista del vegetación y tiene cuestas muy rápidas hacia el norte y el sur: se la designa con el nombre de Imposible porque piensan los habitantes de Cumaná que en caso de un desembarco del enemigo, aquella cresta de montañas les ofrecería un asilo. Llegamos a su cima poco antes de ponerse el Sol, y apenas pude tomar algunos horarios para determinar la longitud del sitio por medio del cronómetro.

La vista del Imposible, es todavía más bella y extendida que la de Quetepe; distinguimos perfectamente a la simple vista la cima aplastada del Brigantin, cuya posición sería muy importante fijar, así como las del embarcadero y la rada de Cumaná; la costa de rocas de la península de Araya aparecía en toda su extensión, chocónos mucho la configuración de un puerto llamado Laguna grande o Laguna del obispo; una vasta concha, rodeada de montañas, comunica con el golfo de Cariaco por un Canal estrecho por el que solo puede pasar un buque. Este puerto, cuyo plano detallado, levantó el señor Fidalgo, podría contener muchas escuadras a la vez; hállase en un sitio desierto frecuentado una sola vez cada año por los barcos que conducen mulas a las islas Antillas J hay algunos pastos en el centro de la bahía.

Según lo que yo pude observar, la cima del Imposible está cubierta de un asperón cuarzoso y sin petrificación: en su falda septentrional cerca de peñas negras sale del asperón mezclado, con la arcilla, una fuente muy abundante. Como los llaneros o habitantes de las llanuras, envían sus producciones sobre todo el maíz, los cueros y el ganado al puerto de Cumaná, por el camino del Imposible, continuamente velamos llegar machos conducidos por indios o por mulatos.

Pasamos la noche en una casa donde había una guardia militar de ocho hombres mandados por un sargento español. La soledad de aquel sitio me representaba las noches que yo había pasado en la cima de Saint-Gothard: había prendido fuego por varios puntos a las vastas selvas que rodean la montaña, y sus llamas rojas y medio envueltas en nubes de humo ofrecían el espectáculo más imponente: los mismos habitantes ponen fuego a las selvas para mejorar los pastos, y destruir los arbustos que aniquilan la yerba, ya tan escasa en aquellas regiones: otras veces acaecen terribles incendios causados por la indolencia de los indios que descuidan en sus viajes, de apagar el fuego con que han preparado sus aumentos, cuyos accidentes, han contribuido a disminuir el número de árboles antiguos en el camino de Cumaná a Gumanacoa, y los habitantes observan con mucha razón, que en varios puntos de la provincia ha aumentado la sequía, no solamente porque el terreno se hace cada año más quebrado por la frecuencia de los terremotos, sino también por que en el día está menos guarnecido de bosques que en la época de la conquista.

Dejamos el Imposible el cinco de septiembre al salir el Sol: la bajada es muy peligrosa para las bestias de carga, y el sendero no tiene más de 15 pulgadas de ancho, a la orilla de grandes precipicios: al bajar se ve aparecer de nuevo la roca caliza alpina, y como las capas de la montaña están generalmente inclinadas al sur y al sudeste, brotan muchos manantiales en la falda meridional, los cuales, en la estación de las lluvias, forman torrentes que bajan en cascadas cubiertas de Hura, de Cuspa, y de Europia de hojas plateadas.

El Cuspa es un árbol que aunque bastante común en las inmediaciones de Cumaná y de Bordones, todavía es desconocido de los botánicos de Europa; por mucho tiempo ha servido únicamente a la construcción de edificios, mas desde 1797, se ha hecho célebre bajo el nombre de Cascarilla o Quina de la Nueva Andalucía. Su tronco se eleva de 15 a 20 pies; sus hojas alternas, son lisas, enteras y ovaladas; su corteza, muy delgada y de un pálido amarillo, es eminentemente febrífuga, y aun tiene más amargura, aunque menos desagradable, que la corteza de los verdaderos Cinchona. La Cuspa se administra con el mejor éxito en extracto alcohólico, y en infusión acuosa tanto en las fiebres malignas, como en las intermitentes. El señor de Emparan gobernador de Cumaná ha enviado una cantidad considerable a los médicos de Cádiz; y según las noticias dadas últimamente por don Pedro Franco boticario del hospital militar de Cumaná, la Cuspa ha sido reconocida en Europa por casi tan buena como la quina de Santa-Fé.

El gusto amargo y astringente y el color pardo de la corteza del Cuspa, han podido solo conducir al descubrimiento de sus virtudes: como florece a fines de noviembre, no la hemos hallado en flor e ignoramos a que género pertenece. Espero que la determinación botánica de la quina de la Nueva

Andalucía fijará algún día la atención de los viajeros que visiten aquellas regiones después que nosotros, y que no confundirán, a pesar de la analogía de los nombres, el cuspa con el cuspare: este último se encuentra no solamente en las misiones del río Carony, sino también al oeste de Cumaná en el golfo de Santa-Fé; suministra a los boticarios de Europa el famoso *Cortex Angosturae*, y forma el género *Bonplandia*, descrito por M. Willdenow en las memorias de la academia de Berlín, según las notas que le habíamos transmitido.

Es muy extraño que durante la larga mansión que hemos hecho en las costas de Cumaná y de Caracas, en las orillas del Apure, del Orinoco y del Río Negro, en una extensión de 40.000 leguas cuadradas de terreno, no hayamos jamás encontrado una de aquellas especies de cinchona o de exostema que son propias a las regiones bajas y cálidas de los trópicos, sobre todo en el archipiélago de las Antillas. Mas cuando se considera que en México mismo no se ha descubierto todavía ninguna especie perteneciente a los géneros cinchona y exostema ni en las llanuras y alturas centrales, se debe conjeturar que las islas montañosas de las Antillas y la cordillera de los Andes tienen su descripción botánica particular, y que poseen grupos de vegetales que no han pasado ni de las islas al continente, ni de la América meridional a las costas de la Nueva España.

Saliendo del barranco que baja del Imposible, entramos en una selva espesa y atravesada por un gran número de riachuelos, que se pasan a vado fácilmente: en medio de ella, en las orillas del río Cedeño, se hallan en el estado salvaje, papayos y naranjos de fruta dulce y abultada; probablemente son los restos de algunos conucos o plantaciones indianas, pues en aquellas regiones no puede contarse el naranjo entre los vegetales espontáneos como tampoco el plátano, el papayo, el maíz, el yuca y otras muchas plantas útiles, cuya verdadera patria ignoramos, a pesar de que han acompañado al hombre en sus emigraciones, desde los tiempos más remotos.

Un grande helecho en árbol, muy diferente del *polidodium arboreum* de las Antillas, sobrepasaba los peñascos esparcidos. Allí fuimos sorprendidos por la primera vez con la vista de unos nidos en forma de botellas de bolsitas que se hallan suspendidos de las ramas de los árboles menos elevadas, y atestan la admirable industria de los tropiales que mezclaban su gorjeo a los gritos de los papagayos y de los aras: estos últimos, tan conocidos por la vivacidad de sus colores, solo se veían a pares, mientras que los verdaderos papagayos volaban en bandas de muchos centenares. Es necesario haber vivido en aquellos climas sobre todo en los valles cálidos de los Andes para concebir como pueden aquellas aves cubrir con sus voces el ruido sordo de los torrentes que se precipitan de peñasco en peñasco.

Salimos de las selvas a una legua del pueblo de San Fernando, donde un estrecho y tortuoso sendero conduce a un país descubierto, aunque húmedo en extremo. En la zona templada, los ciperáceos y las gramíneas hubieran formado vastas praderías, mas en este sitio, abundaban las plantas acuátiles y especialmente las cañas de Indias, entre las cuales reconocimos las hermosas flores de los costus, de los talia y heliconia: estas yerbas suculentas se elevan a 8 o 10 pies de altura, cuyo agrupamiento sería considerado en Europa como un pequeño bosque. El bello espectáculo de las praderías y del césped sembrado de flores es casi desconocido en las regiones bajas de la zona tórrida; solo se encuentra en las alturas de las Andes.

Cerca de San Fernando era tan fuerte la evaporación causada por la acción del Sol, que nos sentimos mojados y como en un baño de vapor, a pesar de que íbamos muy ligeramente vestidos: el camino estaba bordado con una especie de bambú,[5] que los indios designan con el nombres de Jagua o Gadua y que se eleva a más de 40 pies de altura. Nada iguala a la elegancia de esta gramínea arborescente; la forma y la disposición de sus hojas le dan un carácter de ligereza que contrasta agradablemente con la altura de la talla; su tronco liso y reluciente está generalmente inclinado hacia el borde de los arroyos y se agita al menor soplo del viento. Por muy elevada que sea la caña en el mediodía de la Europa, no puede dar ninguna idea del aspecto de las gramíneas arborescentes, y si me atreviese a fundarme en mi propia experiencia, diría que el bambú y el helecho en árbol, son entre todas las formas vegetales de los trópicos las que más chocan a la imaginación de un viajero.

El camino de los bambús nos condujo al pequeño pueblo de San Fernando, situado en una llanura estrecha cercada de rocas calizas muy escarpadas. Era esta la primera misión que visitamos en América: las casas, o mejor

---

5   Bambusa guadua. Véase la pl. XX de nuestras Plantas equin., tomo I, pág. 68.

diré, las cabañas de los indios Chaimas, separadas las unas de las otras, no están rodeadas de jardines: las calles anchas y bien alineadas están cortadas en ángulos rectos, y los muros muy delgados y de poca solidez son de tierra gredosa sostenidos por los bejucos. La gran plaza de San Fernando, situada en el centro del pueblo, contiene la iglesia, la casa del misionero y un humilde edificio que se llama con mucho fausto la Casa del Rey. Es un verdadero Caravanseray destinado a dar abrigo a los viajeros, y según hemos experimentado es muy útil en un país donde no se conoce el nombre de posada. Las casas del rey se encuentran en todas las colonias españolas, y se podría creer que son una imitación de los *Tambos* del Perú establecidos por las leyes de Manco-Capaco.

Íbamos recomendados a los religiosos que gobiernan las misiones de los Indios chaimas por su síndico que reside en Gumaná, cuya recomendación nos era tanto más útil en razón de que los misioneros, sea por celo por la pureza de las costumbres de sus feligreses, sea por sustraer el régimen monástico a la curiosidad indiscreta de los extranjeros, ponen algunas veces en ejecución un antiguo reglamento, según el cual no es permitido a ningún blanco del estado secular, detenerse más de una noche en un pueblo indiano. Para viajar agradablemente en las misiones españolas sería imprudente fiarse únicamente en el pasaporte emanado de la secretaria de Estado de Madrid o de los gobiernos civiles; es necesario muñirse de recomendaciones dadas por las autoridades eclesiásticas, sobre todo por los guardianes de los conventos o por los generales de las órdenes residentes en Roma que son mucho más respetados por los misioneros que no los obispos.

El misionero de San Fernando era un capuchino aragonés de edad muy avanzada, pero todavía lleno de vigor y vivacidad: su extrema robustez, su humor jovial y su interés por los combates y los asedios, no se acordaban muy bien con la idea que se forma en los países del norte, de la meditación melancólica y de la vida contemplativa de los misioneros. Este anciano religioso nos recibió con mucha afabilidad y franqueza, a pesar de que estaba muy ocupado de una vaca que debía hacer matar al día siguiente, y nos permitió tender nuestras hamacas en un corredor de su casa. Pasaba la mayor parte del día sin hacer nada, sentado en una gran poltrona de madera roja, quejándose amargamente de la pereza e ignorancia de sus compatriotas.

Hízonos mil cuestiones sobre el verdadero objeto de nuestro viaje, que le pareció arriesgado y por lo menos muy inútil. Así es que aquí como en el Orinoco, fuimos molestados por la viva curiosidad que en medio de las Selvas de la América, conservan los Europeos por las guerras y los disturbios políticos del antiguo mundo.

Nuestro misionero parecía muy satisfecho de su posición: trataba a los Indios con dulzura y veía prosperar su misión; elogiaba con entusiasmo las aguas, los bananos y la leche del cantón. La vista de nuestros instrumentos, de nuestros libros y de nuestras plantas secas, le arrancaba una sonrisa maligna y confesaba con la franqueza que es natural en aquellos climas, que de todos los placeres de la vida, sin exceptuar el sueño, ninguno era comparable al de comer buena carne de vaca; tal es el efecto de la sensualidad cuando no está distraída por las ocupaciones del espíritu.

Varias veces nos convidó nuestro huésped a visitar con él, la vaca que acababa de comprar; y el día siguiente al salir el Sol, no pudimos dispensarnos de verla matar al estilo del país, es decir, cortándole un jarrete, antes de clavarle un cuchillo en las vértebras del cuello: esta operación, aunque muy desagradable, nos hizo conocer la destreza de los Indios chaimas, que, en número de ocho, cortaron el animal en pequeñas porciones en menos de veinte minutos. El precio de la vaca entera había sido el de siete pesos, y aun les parecía muy excesivo. El mismo día había pagado el misionero dieciocho pesos a un soldado de Cumaná, por haber conseguido, después de varias tentativas infructuosas, hacerle una sangría en el pie. Este hecho, aunque poco importante, prueba cuan diferente es, en los países incultos, el precio de las cosas al de los trabajos.

La misión de San Fernando fue fundada a últimos del siglo XVII cerca de la conjunción de los pequeños rios de Mazanaras y Lucasperez. Un incendio que consumió la iglesia y las cabañas de los Indios, impelió a los capuchinos a colocar el pueblo en el bello punto que hoy ocupa. El número de familias ha aumentado hasta ciento, y nos hizo observar el misionero, que el uso que siguen los Jóvenes de casarse a la edad de trece o catorce años contribuye mucho a este rápido acrecentamiento de la población.

El camino de San Fernando a Cumaná pasa por medio de unas pequeñas plantaciones por un valle húmedo y abierto, donde tuvimos que pasar un gran número de arroyos. El termómetro a la sombra, no se elevaba de 30º pero como estábamos expuestos a los rayos del Sol, porque los bambús que bordan el camino no prestaban sino un débil asilo, sufrimos un calor excesivo. Pasamos por la aldea de Arenas, habitada por Indios que son de la misma raza que los de San Fernando; aunque ya no es una misión, y los indígenas gobernados por un cura, están menos desnudos y son más civilizados.[6] Su iglesia es conocida en el país a causa de algunas pinturas informes: un friso estrecho contiene unas figuras de armadillos, caimanes jaguares y otros animales del Nuevo Mundo.

Al aproximarse a la ciudad de Cumanacoa, se encuentra un terreno más liso y un valle que se ensancha progresivamente. La pequeña ciudad está situada en una llanura desnuda, así circular y rodeada de altas montañas, que ofrece un aspecto triste y taciturno. La populación no es más de 2300 habitantes, y en tiempo del padre Caulin, en 1755, no pasaba de 600; las casas son muy bajas, poco sólidas, y a excepción de tres o cuatro, todas construidas de madera. Sin embargo pudimos colocar cómodamente nuestros instrumentos en casa del administrador de tabacos don Juan Sánchez. Era un hombre amable y dotado de mucha viveza de espíritu: nos había preparado una habitación cómoda y espaciosa, donde pasamos cuatro días, y quiso acompañarnos en todas nuestras excursiones.

Cumanacoa fue fundada en 1717, por Domingo Arias[7] a su regreso de una expedición que hizo a la embocadura el Guarapiche para destruir un establecimiento que habían intentado unos forbantes[8] franceses. La nueva ciudad tomó el nombre de San Baltasar de las Arias; pero ha prevalecido la denominación indiana, así como el nombre de Caracas ha hecho olvidar el de Santiago de León que se halla todavía en algunos mapas.

El puerto de Cumaná está distante de Cumanacoa, unas 7 leguas marinas: en el primero de estos dos puntos no llueve casi nunca, mientras que en

---

6   Las cuatro aldeas de Arenas, Macarapana, Mariquitar y Aricagna fundador por los capuchinos de Aragón, llevan el nombre de Doctrinas de la Encomienda.

7   El padre Caulin asegura que el valle en que hizo Arias las primeras construcciones traía
de muy antiguo el nombre de Cumanacoa; mas los vizcaínos reclaman la terminación coa
que significa en bascuence de Cumaná, o dependiente de Cumaná, como en Saungoicoa,
Basocoa, etc.

8   Piratas de las Antillas.

el segundo hay seis o siete meses de invernada. En Cumanacoa reinan las sequías desde el solsticio de invierno, hasta el equinoccio de primavera: en los meses de abril, mayo y Junio son bastante frecuentes las pequeñas lluvias; a esta época comienzan de nuevo las sequías y duran desde el solsticio de estío hasta fin de agosto; finalmente, siguen las verdaderas lluvias de la invernada, las que no cesan hasta el mes de noviembre, y durante las cuales caen del cielo torrentes de agua. Según la latitud de Cumanacoa, el Sol pasa por su zenit la primera vez el 16 de abril y la segunda el 27 de agosto. Por lo que acabamos de exponer se advierte que estos dos pasos coinciden con el principio de las lluvias y de las grandes explosiones eléctricas.

La vegetación de la llanura, que circunda la ciudad, es bastante monótona, pero notable por su frescura, debida a la extrema humedad de la atmósfera: la caracterizan particularmente una *solanea* arborescente que tiene 40 pies de altura, la *ortica baccifera* y una nueva especie del género Guetarda.[9] La tierra es muy fértil, y aun podría regarse fácilmente si se hiciesen sangrías a un gran número de arroyos, cuyos manantiales no se agotan en todo el año. La producción más preciosa del cantón es tabaco y también la única que ha dado alguna celebridad a una ciudad tan pequeña y tan mal construida. Desde la introducción del estanco en 1779 está reducida la cultura del tabaco en la provincia de Gumaná, al solo valle de Gumanacoa, así como en México es solo permitida en los dos distritos de Orizaba y Córdoba. El sistema del estanco es un monopolio odioso para él pueblo: todo el tabaco que se recoge debe venderse al gobierno, y para evitar o mejor para disminuir el fraude, se ha creído lo más simple concentrar el cultivo en un mismo punto. Muchos guardas recorren el país para destruir las plantaciones que se forman fuera de los cantones privilegiados; y denuncian al desgraciado habitante que se atreve a fumar un cigarro preparado por su propia mano. Estos guardas son la mayor parle españoles, y casi tan insolentes como los que ejercen el mismo oficio en Europa; su insolencia ha contribuido a mantener el odio entre las colonias y la metrópoli.

---

9   Estos árboles están rodeados de *galega pilosa, stellaria rotundi folia, aegiphila elata Swartz sauvagesia erecta, martinia perennis*, y de un gran número de rivinas. La sabana de Gumanacoa ofrece entre las gramíneas, el *paspulus lenticidaris*, los *panicum adscendens, penniselum uniflorum gynerium sacchuroides, eleusine indica* y etc.

Después de los tabacos de la isla de Cuba y del río Negro, el más aromático es el de Cumaná, que es superior a todos los de la Nueva España y de la provincia de Varinas. El suelo de Gumanacoa es tan propio a este ramo de cultura, que el tabaco viene salvaje por donde quiera que el grano encuentra alguna humedad; así es que crece espontáneamente en el cerro del Cuchivano y al rededor de la cueva de Caripe. Ademas, la única especie de tabaco cultivado en Cumanacoa y en los distritos vecinos de Aricagua y de San Lorenzo, es el de hojas largas *sessiles*, llamado tabaco de Virginia.[10] No se conoce el de hojas petióleas, que es el verdadero yetl de los antiguos mexicanos,[11] aunque en Alemania se le designa con el nombre extravagante de tabaco turco.

Si el cultivo del tabaco fuese libre, la provincia de Cumaná podría exportar para una gran parte de la Europa; y aun parece que algunos otros cantones serían no menos favorables a este ramo de la industria colonial, que el del valle de Cumanacoa, en el cual las lluvias demasiado abundantes alteran muchas veces las propiedades aromáticas de la hoja. En el día de hoy, en que la agricultura está limitada al espacio de unas leguas cuadradas, el producto total de la cosecha no es más de 6.000 arrobas; sin embargo las dos provincias de Cumana y de Barcelona consumen 12.000; lo que falta, viene de la Guyana española. En general no hay más de mil y quinientos individuos que se dedican en las inmediaciones de Cumanacoa a la cosecha del tabaco; los cuales son todos blancos. La esperanza de la ganancia no excita fácilmente a los indígenas de la raza de los chaimas, y el estanco no juzga conveniente hacerles tal recuerdo.

Después del tabaco, el cultivo más importante del valle de Cumanacoa es el del índigo; las plantaciones de Cumanacoa, de San Fernando y de Arenas, le producen tal, que es todavía más estimado en el comercio que el de Caracas, pues por el brillo y hermosura del color se parece al de Guatemala, de cuya provincia se ha recibido en las costas de Cumaná la primera semilla del añil que se cultiva al mismo tiempo que el *indicotero tinctoria*.[12] Como las

---

10 *Nicotiana tabacimi.*
11 *Nicotiana rustica.*
12 Los índigos extendidos en el comercio son debidos a cuatro especies de plantas; a saber:
       J. *tinctoria*, J. *añil*, J. *argéntea*, J. *disperma*. En el río Negro cerca de las fronteras del Brasil

lluvias son tan frecuentes en el valle de Cumanacoa, una planta de 4 pies de alto, no da más materia colorante de la que ofrecería cualquiera otra tres veces más chica, en los valles áridos de Aragua al oeste de la ciudad de Caracas.

A pesar de la excelencia de las producciones y la fertilidad del suelo, la industria agrícola de Cumanacoa está todavía en su infancia. Arenas, San Fernando y Cumanacoa no vierten en el comercio más de 3.000 libras de índigo, cuyo importe en el país es el de 4.500 pesos: faltan brazos, y aun la corta población disminuye por la emigración a los llanos. Aquellas sabanas inmensas ofrecen al hombre un alimento abundante a causa de la fácil multiplicación del ganado vacuno, mientras que la cultura del añil y del tabaco exigen cuidados muy particulares. El producto de este último ramo es todavía muy incierto, según el invierno es más o menos prolongado.

La llanura de Cumanacoa, tendida de haciendas y pequeñas plantaciones de índigo y de tabaco, está rodeada de montañas que se elevan particularmente hacia el sur, y que ofrecen un doble interés para el físico y el geólogo. Todo anuncia que aquel valle es el fondo de algún antiguo lago; así es que las montañas que antes formaban los bordes están cortadas perpendicularmente del lado de la llanura. El lago no daba salida a sus aguas sino por el lado de Arenas, y al hacer excavaciones cerca de Cumanacoa, se han hallado bancos de morrillo mezclados con Conchitas de mariscos bivalvos. Según relación hecha por personas muy fidedignas, se ha descubierto hace treinta años en el fondo del barranco del san Juanillo dos enormes huesos de muslo de 4 pies de largo y que pesaban más de 30 libras. Los indios los tomaban, como se hace también en Europa, por huesos de gigantes, mientras que los semisabios del país, que tienen derecho a explicarlo todo, afirmaban gravemente que eran juegos de la naturaleza poco dignos de atención, y fundaban su razonamiento en la circunstancia de que los huesos humanos se destruyen muy rápidamente en el suelo de Cumanacoa. Para adornar las iglesias en la fiesta de las ánimas, se hacen tomar calaveras en los cementerios de la costa, donde la tierra está cargada de substancias salinas.

---

hemos hallado salvaje el J. *argéntea*, pero solamente en los parajes que han sido habitados por los indios.

Los pretendidos huesos de gigante fueron transportados al puerto de Cumaná; yo los he buscado en vano; pero según la analogía de los huesos fósiles que he traído de otros puntos de la América meridional, y que han sido examinados detenidamente por M. Cuvier, es probable que los huesos gigantescos de Cumanacoa, perteneciesen a elefantes de una especie perdida. Se puede extrañar haberlos hallado en un paraje tan poco elevado sobre el nivel actual de las aguas; pues es un hecho muy notable que los fragmentos de Mastodontes y de elefantes fósiles que he traído de las regiones equinocciales de México, de la Nueva-Granada, de Quito y del Perú, no se han encontrado en las regiones bajas (como se han hallado en la zona templada los *megatherium* del río Lujan y de la Virginia,[13] los grandes Mastodontes del Ohio, y los elefantes fósiles del susquehana), sino sobre las alturas desde 600 a 1.400 toesas.

Aproximándonos a la orilla meridional de la concha de Cumanacoa, gozamos de la vista del Turimiquiri. Una enorme muralla de rocas, resto de una antigua costa escarpada se levanta de la Selva, y luego al oeste en el cerro del Guchivano, la cadena de montañas parece quebrada como por efecto de un terremoto. La hendidura tiene más de 150 toesas de ancha, y está cercada de rocas cortadas perpendicularmente.

Varias veces visitamos una pequeña hacienda, llamada el conuco de Bermudez colocada enfrente de la cortadura del Guchivano. En ella se cultiva en los terrenos húmedos, el tabaco, los bananos y varias especies de algodoneros,[14] especialmente aquella cuyo algodón tiene el color leonado del nankin, y que es tan común en la isla Margarita.[15] Díjonos el propietario de la hacienda que la cortadura estaba habitada por tigres jaguares: estos

---

13 El *megatherium* de la Virginia, es el *megalonix* de M. Jefferson. Todos aquellos enormes despojos hallados en las llanuras del nuevo continente, sea al norte o al sur del ecuador, pertenecen a la zona templada, y no a la zona tórrida. Por otra parte observa Pallas, que en Siberia, siempre por supuesto al norte del trópico, los huevos fósiles faltan enteramente en las partes montuosas. *Nov. Comment. Petrop.*, 1772, pág. 677. Estos hechos, íntimamente unidos entre sí, parecen conducir al conocimiento de una grande ley geológica.

14 *Gossipium uniglandutosam*, llamado impropiamente *fierbaceam* y G. *barbadense*. M. de Rohr ha hecho ver la confusión que reina todavía en la determinación de las variedades y de las especies de algodoneros.

15 G. *religiosum*.

animales pasan el día en sus cavernas y circulan en la noche al rededor de las habitaciones: como están bien alimentados se hacen hasta de 6 pies de largo. Uno de ellos había devorado el año anterior, un caballo perteneciente a la hacienda; había arrastrado su presa, por medio de la sabana, llevándola debajo de un Ceiba de extraordinaria magnitud. A los gemidos del caballo expirante se habían despertado los esclavos de la hacienda, y salieron a la claridad de la Luna, armados con lanzas y machetes.[16] El tigre echado sobre su presa, los esperó tranquilamente, y no sucumbió sino después de una larga y porfiada resistencia. Este hecho y otros muchos comprobados en aquel país, prueban que el gran jaguar[17] de la Tierra Firme, así como el jaguareté del Paraguay y el verdadero tigre de Asia, no huyen delante del hombre cuando este quiere combatirles cuerpo a cuerpo o cuando no les espanta el gran número de los que le acometen. Los naturalistas saben hoy que Buffon ha desconocido enteramente el gran gato de la América; lo que este escritor dice de la cobardía de los tigres del Nuevo Continente, hace relación a los pequeños ocelotes o chibiguazus. Más adelante veremos que el verdadero tigre jaguar de América se arroja algunas veces al agua por atacar a los Indios en sus piraguas.

Enfrente de la hacienda de Bermudez se abren dos cavernas espaciosas en la hendidura de Cuchivano, de las cuales de tiempo en tiempo salen llamas que se distinguen de muy lejos durante la noche, y que iluminan las montañas circunvecinas; juzgando por la elevación de las rocas por encima de las cuales se elevan aquellas emanaciones inflamadas, se creería que tienen una altura de muchos cientos de pies. En una herborización que hicimos en la Rinconada, intentamos, aunque en vano, penetrar la hendidura: queríamos examinar de cerca las rocas que parecen encerrar en su seno las causas de aquellas erupciones extraordinarias; mas la fuerza de la vegetación, el enlace de los bejucos y las plantas espinosas nos impidieron pasar adelante.

Los hacendados, ayudados por sus esclavos, abrieron una senda por medio del bosque hasta la primera caída del río Juagua; y el día lo de septiembre hicimos nuestra excursión al Cuchivano. Entrando en la hendidura reconocimos la proximidad de los tigres, tanto por un puerco espín reciente-

---

16 Cuchillos grandes y de hoja muy larga, semejantes a los de caza.
17 *Félix onza*, que Buffon ha llamado pantera ojeada y que la creía originaria de África.

mente despedazado, como el olor pestífero de sus excrementos semejantes a los del gato de Europa. Para mayor seguridad, los Indios volvieron a la hacienda y trajeron perros de una raza muy pequeña, asegurando que en caso de un encuentro en un camino estrecho, el jaguar se tira antes sobre los perros que a los hombres: seguimos, no la orilla del torrente, sino la falda de rocas suspendidas sobre las aguas.

Cuanto más nos adelantábamos tanto más era espesa la vegetación. En muchos parajes, las raíces de los árboles habían roto las peñas calizas introduciéndose en las grietas que separan los bancos: apenas podíamos llevar las plantas que cogíamos a cada paso: las cannas, las heliconias de flores purpúreas, los costus y otros vegetales de la familia de los amómeos llegan en aquellos parajes hasta la altura de 18 pies. Los Indios con sus fuertes cuchillos, hacían incisiones en el tronco de los árboles, y fijaban nuestra atención en la belleza de aquellas maderas rojas o pajicoloradas, que algún día serán muy buscadas por nuestros ebanistas y torneros. Nos mostraban el *eupatorium loevigatum* de la Mark, la rosa de Berbería[18] célebre por el lustre de sus hojas purpúreas y el sangre de dragón de aquel país que es una especie de Crotón[19] no descrita todavía, cuyo suco jojo y astringente es empleado para fortificar las encías: ellos reconocen las especies por el olor y sobre todo mascando las fibras leñosas. Dos indígenas a quienes se da a mascar el mismo palo, pronuncian por lo común y casi sin titubear, el mismo nombre. No pudimos aprovecharnos mucho de la sagacidad de nuestros guías porque no podíamos procuramos hojas, flores o frutas de unos árboles cuyas ramas nacen a cincuenta o sesenta de altura del tronco. Es muy extraño encontrar en aquella garganta, la corteza de los árboles y aun el suelo

---

18 *Broxonea racemosa, Bredem, ined.*

19 Varios vegetales de familia diferente llevan en las colonias españolas de los dos continentes el nombre de sangre de dragón; y son *dracceina, pterocarpus* y Crotones. El padre Caulin (*Descrip. Corográfica*, pág. 20) hablando de las resinas que se encuentran en los bosques de Cumána, distingue muy bien el dragón de la sierra de Upars que tiene las hojas recortadas (*pterocarpus draco*), del dragón de la sierra de Paria que tiene la hoja entera y vellosa. El último es nuestro Crotón *sanguifluum* de Cumanacoa, de Caripe y de Cariaco.

cubierto de musgo[20] y de líquenes; estos criptógamos son allí tan comunes como en el país del norte, su vegetación está favorecida por la humedad del aire y por la ausencia de la luz directa del Sol; sin embargo la temperatura es generalmente en el día de 25 y en la noche de 19°.

Después de muchas fatigas y de bien mojados en los frecuentes pasos del torrente, llegamos al pie de las cavernas del Cuchivano: una muralla de roca se eleva perpendicularmente hasta la altura de 800 toesas. Es muy raro que bajo una zona en que la fuerza de la vegetación cubre el suelo y las peñas se halle una montaña que solo presenta capas desnudas en una cortadura perpendicular, en la cual, y en una posición, por desgracia inaccesible al hombre, se abren dos cavernas en forma de quebrazas; se asegura que están habitadas por las mismas aves nocturnas que luego daremos a conocer en la cueva del Guácharo de Caripe. Cerca de estas cavernas vimos capas de marga esquitosa que atraviesan el muro de rocas, y, más abajo, al borde del torrente, hallamos con grande admiración nuestra, cristal de roca engastado en los bancos de la Caliza alpina. Eran unos prismas hexaedros terminados en pirámides, que tenían 14 líneas de largo sobre 8 de ancho. Los cristales perfectamente transparentes se hallaban sueltos y a veces distantes uno de otro de 3 o 4 toesas; estaban encerrados en la masa caliza como los cristales de cuarzo Burgtona[21] y los Boracites de Lunebourg que están encajados en el gipso; no se veía por allí ninguna grieta ni vestigio de una veta de espato calizo.

Descansamos al pie de la caverna, de donde se han visto salir llamaradas que, en los últimos años, se han hecho más frecuentes. El propietario y nuestros guías igualmente, instruidos de las localidades de la provincia, disputaban a la manera de los criollos, sobre los danos a que estaba expuesta la ciudad de Cumanacoa si el Cuchi vano viniese a reventar. Parecíales indudable que la Nueva Andalucía, desde los grandes terremotos de Quito y de Cumaná en 1797, estaba minada por los fuegos subterráneos; citaban las llamas que se habían visto salir de la tierra en Cumaná, y los sacudimientos

---

20 Verdaderos *musci frondosi*: también cogimos el *boletus igniarius* y el *licoperdon bellarum* de Europa, ademas de un pequeño *boletus stipitatus* blanco de nieve. En cuanto al segundo no lo había yo hallado sino en los parajes secos en Alemania o en Polonia.

21 En el Dread de Gotha.

que se experimentan actualmente en parajes donde el suelo no había sido jamas alterado, y recordaban que en Macarapan se sentían frecuentemente, hacía algunos meses, emanaciones sulfúreas. Admiramos mucho aquellos hechos sobre los cuales fundaban predicciones que se han realizado casi todas. En 1812 han ocurrido enormes trastornos y han probado cuan tumultuosamente agitada está la naturaleza en la parte nordeste de Tierra Firme.

¿Pero cual es la causa de los fenómenos ígneos que se observan en el Cuchivano? Yo no ignoro que algunas veces se ve brillar, en una luz viva, la columna del aire que se eleva sobre la boca de los volcanes inflamados:[22] este resplendor que se atribuye al gas hidrógeno, ha sido observado en Chillo, sobre la cima del Cotopaxi, a una época en que la montaña parecía en la mayor tranquilidad. También sé que el Mons Albanus, cerca de Roma, hoy conocido con el nombre de Monte Cavo, parecía inflamado de tiempo en tiempo durante la noche; pero el Mons Albanus es un volcán recientemente apagado, que en tiempo de Catón, todavía arrojaba rapilli, mientras que el Cuchivano es una montaña caliza distante de toda roca de formación trapeana. ¿Pueden atribuirse estas llamas, a una descomposición del agua que entra en contacto con las piritas dispersas entre la marga esquitosa? ¿Es hidrógeno inflamado lo que sale de las cavernas del Cuchivano? Las margas, según lo indica su olor, son betuminosas y piritosas al mismo tiempo, y los manantiales de goudron mineral del Buen pastor y de la isla de la Trinidad nacen tal vez de estos mismos bancos de Caliza alpina.

Fácil sería imaginar relaciones entre las aguas infiltradas en estas Calizas y descompuestas en las capas de piritas, y los terremotos de Cumaná, los manantiales de hidrógeno sulfurado de Nueva Barcelona, los depósitos de azufre nativo de Campano y las emanaciones de ácido sulfuroso que se sienten de cuando en cuando en las sábanas: no podría dudarse que la descomposición del agua por las piritas a una alta temperatura favorecida por la afinidad del óxido de berro con las substancias terrosas, no pueda dar lugar también a este desprendimiento de gas hidrógeno, al cual muchos geólogos

---

22   No debe confundirse este fenómeno extraordinario con el resplendor que comúnmente se observa a pocas toesas de altura sobre las cráteras, y que (como yo he visto en el Vesubio en 1805) no es sino el reflejo de las grandes masas de escorias inflamadas y escupidas del fondo, aunque sin salir del orificio del volcán.

modernos dan un papel tan importante. Mas en general, el ácido sulfuroso se manifiesta más constantemente en la erupción de los volcanes que el hidrógeno, y el olor de este ácido se hace sentir algunas veces mientras que la tierra está agitada por los fuertes temblores.

Cuando se consideran en unión los fenómenos de los volcanes y los de los terremotos, cuando se examina la inmensa distancia a que se propaga el movimiento debajo de la concavidad de los mares, se abandonan fácilmente las explicaciones fundadas sobre pequeñas capas de piritas y de margas bituminosas. Yo opino que los temblores que se sienten tan frecuentemente en la provincia de Cumaná, no deben atribuirse más a las rocas visibles, que los sacudimientos de los Apeninos deben ser atribuidos a las vetas de asfaltó o a las emanaciones de petrole encendido. Todos estos fenómenos proceden de causas más generales, y aun diré, más profundas; no es en las capas secundarias que forman la corteza exterior de nuestro globo, sino en las rocas primitivas, a una enorme distancia de la superficie del suelo, donde debe colocarse el centro de la acción volcánica. Cuanto más progresos hace la geología; más se hecha de ver la insuficiencia de estas teorías fundadas sobre algunas observaciones puramente locales.

El día 12, continuamos nuestro viaje al convento de Caripe, capital de las misiones Chaimas: preferimos al camino derecho, el rodeo de las montañas del Turimiquiri, cuya altura excede poco la del Jura. El camino se dirige primeramente hacia el este, atravesando durante 3 leguas, la altura de Cumanacoa sobre un terreno nivelado antiguamente por las aguas, que luego tuerce hacia el sur. Pasamos el pequeño lugar Indio de Aricagua, rodeado de colinas cubiertas de árboles y de un aspecto risueño: de allí comenzamos a subir y la cuesta duró más de cuatro horas. Esta parte del camino es muy costosa; hay que pasar veintidós veces el Pututucuar, torrente rápido y lleno de peñascos de roca caliza. Cuando en la cuesta del Cocollar, se llega a una elevación de 2.000 pies sobre el nivel del mar, se admira uno de no hallar ya bosques o árboles grandes: se recorre una inmensa llanura cubierta de gramíneas donde solo los Mimosas de copa hemisférica, cuyos troncos no tienen sino 3 o 4 pies de altura, interrumpen la triste uniformidad de las sabanas; sus ramas están inclinadas hacia la tierra y extendidas en forma de parasol. Por todas las escarpaduras o por donde hay peñascos medio cubiertos de tierra, tiende su hermoso verdor el Clusia o Cupey de grandes flores de Ninfea, árbol cuyas raíces tienen hasta 8 pulgadas de diámetro y algunas salen del tronco a 15 pies de altura sobre el suelo.

Después de haber trepado mucho tiempo la montaña, llegamos a una pequeña llanura llamada el Hato de Cocollar, donde hay una hacienda aislada en una mesa que tiene 408 toesas de altura. En este paraje solitario pasamos tres días colmados de los obsequios del propietario que nos había acompañado desde el puerto de Cumaná: allí hallamos leche, buenas carnes a causa de los bellos pastos, y sobre todo un clima delicioso; en el día, el termómetro centígrado no se elevaba arriba de los 22° a 23°; poco antes de ponerse el Sol, bajaba a los 19°, y en la noche se mantenía sobre los 14°. La temperatura nocturna era por consiguiente 7° más fresca que la de las costas; lo que prueba de nuevo una disminución de calórico extremamente rápida pues que la mesa del Cocollar está menos elevada que el suelo de la ciudad de Caracas.

En todo el alcance de la vista, no se percibe, desde este punto elevado, mas que sabanas desnudas; sin embargo se elevan en los barrancos algunos pequeños grupos de árboles, y a pesar de la aparente uniformidad de la vegetación, no deja de hallarse un gran número de plantas muy notables.[23] Nos limitaremos a citar un soberbio Lobelia[24] de flores purpúreas, el Crownea coccínea que tiene más de 100 pies de altura y sobre todo el Pejoa, célebre en el país a causa de lo delicioso y aromático del olor que despiden sus hojas al frotarlas entre los dedos.[25] Lo que más nos hechizaba en aquel sitio solitario era la belleza y la calma de las noches; el propietario de la

---

23 *Cassia acata, andromoda riqida, casearia hipericifolia, myrtus longifolia, büttneria saticifolia, glycine picta, G. prateusus, G. gibba, oxalis umbrosa, malpighia caripensis, cephoelis salid folia, slylosantes atigusti folia, salvia pseadococcinea, eringium fcetidum.*

24 Lobelia *spectabilis.*

25 Es el gaultheria odorata, descrito por M. Wildenow, sobre las muestras que le habernos comunicado. El pejoa se encuentra al rededor del lago del Cocollar del cual toma su origen el gran río Guarapiche. También hemos hallado pies del mismo arbusto en la Cuchilla de Guanagnana: es una planta subalpina que, como luego veremos, forma en la silla de Caracas una zona mucho más elevada que en la provincia de Cumaná. Las hojas del Pejoa tienen un olor todavía más agradable que las del *myrthus pimenta*; pero algunas horas, después que la rama ha sido separada del tronco, ya la hojas no dan ningún perfume aun frotándolas.

hacienda prolongaba sus veladas con nosotros, y parecía deleitarse al ver la admiración que produce en los Europeos recientemente trasplantados bajo los trópicos, aquella frescura de primavera que se respira en las montañas después de puesto el Sol.

Nada hay comparable a la impresión de la calma majestuosa que deja el aspecto del firmamento en aquel paraje solitario. A la entrada de la noche, siguiendo con la vista aquellas praderías que bordan el horizonte, aquellas llanuras cubiertas de yerbas y suavemente onduladas, creíamos ver de lejos, la superficie del Océano sosteniendo la bóveda estrellada del cielo. El árbol bajo el cual estábamos sentados, los insectos luminosos que saltaban al rededor de nosotros, las constelaciones que brillaban hacia el sur, todo parecía indicarnos que estábamos lejos de nuestro suelo natal: si entonces, en medio de aquella naturaleza exótica, se oía en el fondo del valle el sonido de un cencerro, o el mugido de una vaca, esto nos recordaba inmediatamente la memoria de la patria, y eran cómo unas voces lejanas, que resonaban al otro lado de los mares, y cuyo mágico poder nos trasportaba de uno a otro hemisferio. ¡Admirable celeridad de la imaginación del hombre, origen eterno de sus placeres y de sus penas!

Con el fresco de la mañana comenzamos a trepar el Turimiquiri, que así se llama la cima del Cocollar. Hasta la altura de 700 toesas y aun más arriba, esta montaña, así como todas las que le avecinan, está cubierta solo de gramíneas:[26] en Cumaná atribuyen esta falta de árboles a la grande elevación del suelo; mas por poco que se reflexione sobre la distribución de los vegetales en las Cordilleras de la zona tórrida, se concibe que las cimas de la Nueva Andalucía están muy lejos de llegar al límite superior de los árboles que, por aquella latitud se sostienen lo menos a 1.800 toesas de altura absoluta.

Es tan dulce el clima de aquellas montañas, que en la hacienda del Cocollar se cultiva con éxito el algodonero, el árbol del café, y aun la caña dulce. Por más que digan los habitantes de las costas, no se han visto jamas escarchas, por los 10° de latitud, sobre montañas, cuya altura apenas excede la del Mont-d'Or y del Puy-de-Dôme. Los pastos de Turimiquiri disminuyen de

---

26 Las especies dominantes son los *paspalus*, el *andropogon fastigiatum* que forma el género *dieciomis* de M. Paüssot de Beauvois, y el *panicam olyroides*.

valor según va elevándose el terreno: por todas partes donde los peñascos esparcidos ofrecen sombra, se hallan plantas liquenosas y algunos musgos de Europa. El Melástomo xanthostaechis llamado Guacito en Caracas, es un arbolillo[27] cuyas grandes y correosas hojas resuenan como pergamino cuando el viento las agita, y se eleva en varios puntos de la sábana; mas el principal ornato del musgo de aquellas montañas es una liliácea de flores doradas, el *Marica martinicensis*: En las provincias de Cumaná no se hace caso de él, sino cuando se eleva a 4 o 5 toesas de altura.[28]

En cuanto a la masa pedragosa del Tirimiquiri, está compuesta de una caliza alpina semejante a la Cumanacoa y de capas delgadas de marga y de asperón cuarroso: la caliza contiene masas de hierro oxidado gris, y de hierro espático. En varias partes he reconocido con la mayor distinción que el asperón no descansa solamente sobre la caliza, sino que muchas veces esta última contiene el asperón y alterna con él.

En el país hacen distinción de la cima redonda del Tirimiquiri y los picos sobresalientes o cucuruchos revestidos de una espesa vegetación y habitados por tigres que los cazan a causa de la belleza de sus pieles. Hallamos el pico redondo que está cubierto de musgo, elevado a 707 toesas sobre el nivel del Océano. La vista de que se goza en el Tirimiquiri es la más extensa y pintoresca; desde la cima hasta el Océano se descubren cadenas de montañas que se dirigen paralelamente del este al oeste formando valles longitudinales. Se creería ver el fondo de un embudo, en el cual se distingue entre los grupos de árboles, el lugar indiano de Aricagua.

El 14 de setiembre bajamos del Cocollar hacia la misión de San Antonio: después de haber pasado dos remates de montañas extremamente escarpadas, se descubre un hermoso valle que tiene 5 a 6 leguas de largo, siguiendo casi constantemente la dirección del este al oeste, y en este valle están situadas las misiones de San Antonio y de Guanaguana. La primera es célebre a causa de una pequeña iglesia con dos torres construida en ladrillo, en un estilo bastante bueno, y adornada de columnas del orden dórico, que es la maravilla del país. El prefecto de los capuchinos la había construido

---

27 *Palicurea rígida, chaparro boxo.*

28 Por ejemplo en la montaña de Ávila, en el camino de Caracas a la Guaira, y en la villa de Caracas. Los granos del Marica maduran a fines de diciembre.

en menos de dos veranos, a pesar de que no empleó sino los indios de su aldea.

Pasamos el lugar, y luego los riachuelos Colorado y Guarapiche que nacen ambos de la montaña del Cocollar y se reúnen más abajo, al este: el Colorado tiene una corriente muy rápida y a su embocadura es más ancho que el Rin: el Guarapiche reunido al río Areo, tiene más de veinticinco brazas de profundidad, sus orillas están adornadas de una soberbia gramínea, que he designado después al remontar el río de la Magdalena, y cuyo cáñamo de hojas dísticas alcanza 15 o 20 pies de altura.[29]

Al caer la tarde llegamos a la misión de Guanaguana, donde el misionero nos recibió con mucha atención; era un anciano que parecía gobernar sus indios con mucha inteligencia; No ha más de treinta años que existe el lugar en el puesto que hoy ocupa, y antes de esta época estaba colocado más al sur, pegado a una colina. Es admirable la facilidad con que se hace cambiar de habitación a los indios; hay pueblos en la América meridional que en menos de medio siglo han sido tres veces trasplantados. El indígena se halla tan débilmente ligado al suelo que habita, que recibe con indiferencia la orden de demoler su casa y hacerla en otra parte. Una población cambia de asiento como un campo, y donde quiera que hallan arcilla, cañas, hojas de palmera y de heliconia, se construyen las casas en muy pocos días. Estas traslaciones forzadas, no tienen a veces otro motivo que el capricho de un misionero, que llegando de España se imagina que el sitio de la misión es fiebroso o que no está bien expuesto a los vientos; se han visto las aldeas enteras trasplantadas a muchas leguas de distancia, solamente porque el fraile no hallaba bastante bella y extendida la vista de su casa.

Todavía no hay iglesia en Guanaguana; el anciano religioso que había treinta años habitaba las selvas de la América, nos hizo observar que los fondos del Común o el producto de los trabajos de los Indios debían ser empleados primeramente en la construcción de la casa del misionero, luego en la de la iglesia y después en el vestuario de los Indios. Ya estaba terminada la

---

29 *Lata o caña brava.* Es un nuevo género entre Aira y Arando que hemos descrito bajo el nombre de *Gynerium.* (Pl. équin., tomo II, pág. 112.) Esta gramínea colosal tiene el porte del donax de Italia; y es con el arundinaria del Mississippi y con los bambús, la gramínea más alta del continente. Han llevado su semilla a Santo Domingo, donde cortan el cáñamo para cubrir las casas de los negros.

espaciosa casa del padre, y observamos con sorpresa que la tal casa, cuyo alto remataba enterrado, estaba adornada con un gran número de chimeneas que parecían otras tantas almenas: esto era, decía nuestro huésped, para recordar su cara patria, y los inviernos de Aragón en medio de los calores de la zona tórrida. Los indios de Guanaguana cultivan el algodón tanto por su utilidad, como por la de la iglesia y del misionero, el producto se considera como perteneciente al Común, y con los fondos del común se subviene a las necesidades del cura y del altar.

El suelo de Guanaguana es tan fértil como el de Aricagua, pequeña aldea vecina que ha conservado igualmente su antiguo nombre indiano. Un almud de terreno, de 1.850 toesas cuadradas, produce en los buenos años veinticinco a treinta fanegas de maíz, de 100 libras cada una; mas tanto aquí como en todas partes donde el beneficio de la naturaleza retarda el movimiento de la industria, no se cultiva sino un corto trecho y se descuida en variar la cultura de las plantas alimenticias: la carestía se hace sentir, siempre que por un exceso de sequía se pierde la cosecha del maíz. Los indios de Guanaguana nos contaban como un hecho poco extraordinario, que el año anterior, ellos, sus mujeres y sus hijos, habían estado durante tres meses en los montes, es decir, errantes en las selvas vecinas, para alimentarse con yerbas suculentas, col palmera, raíces de helecho y frutos de árboles salvajes; y no hablaban de esta vida errante como de un estado de privación; solo para el misionero había sido muy incómoda, porque había quedado el pueblo desierto, y porque al regreso de los bosques, los miembros de la pequeña municipalidad eran menos dóciles que antes.

El hermoso valle de Guanaguana se prolonga hacia el este abriéndose en las llanuras de Puncere y de Terecen: bien hubiéramos querido visitar aquellas llanuras para examinar las fuentes de Petrole que se hallan entre el río Guarapiche y el Areo; mas la estación de las lluvias había ya comenzado, y nos velamos todos en el mayor embarazo para secar y conservar las plantas que habíamos cogido. El camino que conduce desde Guanaguana al lugar de Puncere, va por San Feliz o por Caycara y Guayuta, que es un hato de los misioneros. Según el decir de los Indios, en este último punto se encuentran grandes masas de azufre, no en una roca yesosa o caliza, sino a poca profundidad de la superficie del suelo en bancos de arcilla. Este fenómeno singular me parece propio a la América; y volveremos a hallarle en el reino de Quito y en la Nueva España. Acercándose a Puncere, se ven en las sabanas, muchos saquitos formados de un tisú de seda y suspendidos a las ramas de los árboles más chicos: es la seda silvestre del país, la cual aunque de un bello lustre, es muy áspera al tacto. La mariposa que la produce es acaso análoga a la de las provincias de Guanajuato y de Antioquía que producen igualmente seda silvestre.

En el bosque de Puncere se hallan también dos árboles conocidos bajo los nombres de Curucay y de Canela: el primero, del cual hablaremos más tarde, ofrece una resina muy buscada por los Piaches o brujos indios, el segundo tiene hojas, cuyo olor es el de la verdadera canela de Ceilán.[30] De Puncere se dirige el camino por Terecen y Nueva Falencia, que es una colonia nueva de canarios, al puerto de San Juan situado a la orilla derecha del Río Arco, y solo pasando el río en una piragua se consigue llegar a las famosas fuentes de petrole, o Brea mineral del Buen Pastor: nos las han pintado como unos pequeños pozos en forma de embudos hechos por la naturaleza en un terreno pantanoso. Este fenómeno recuerda el lago de asfalto o de chapapote de la isla de la Trinidad, que está distante del Buen Pastor en línea recta unas 35 leguas marinas.

Después de haber luchado algún rato con el deseo que teníamos de bajar el Guarapiche hasta el golfo triste, tomamos el camino directo de las montañas. Los valles de Guanaguana y de Caripe están separados por una especie de dique o remate calizo muy célebre bajo el nombre de la Cuchilla de Guanaguana: las faldas de la montaña presentan escarpaduras, pero no precipicios, y los mulos del país tienen el pie tan seguro, que inspiran la mayor confianza: sus habitudes son las mismas que las de las bestias de carga de la Suiza o de los Pirineos. En los espantosos caminos de los Andes, en viajes de seis a siete meses por medio de montañas surcadas de torrentes, se desenvuelve de un modo admirable la inteligencia de los caballos y mulas de carga. Así es que los montañeses nos decían: «No daré a Usted la mula

---

30 ¿Es este el *lauras cinnamomoides* de Mutis? ¿Cual es aquel otro canelero llamado por los Indios Tuorco que abunda en las montañas de Tocuyo y en el nacimiento del río üchire? su corteza se mezcla en el chocolate. El padre Caulin designa, bajo el nombre de curucay, la *copaifera officinalis*, que da el del bálsamo de copahú. (*Hist. corograf.*, págs. 24 y 34.)

que tiene mejor andadura, sino la más racional». Esta palabra del pueblo dictada por una larga experiencia, combate el sistema de las máquinas, tal vez mejor que todos los argumentos de la filosofía especulativa.

Cuando hubimos llegado al punto más eminente del cerro o cuchilla de Guanaguana, se ofreció a nuestra vista un espectáculo muy interesante por el punto de vista que se despliega hacia el nordeste sobre el valle que encierra el convento de Caripe, cuyo aspecto es mucho más halagüeño por cuanto la llanura, cubierta de bosques contrasta con la desnudez de las montañas vecinas desprovistas de árboles y solo tapizadas de gramíneas. Hallamos la altura absoluta de la cuchilla de 548 toesas; 329 más elevada que la casa del misionero de Guanaguana. Bajando del remate por un sendero tortuoso se entra en un país enteramente selvaz, cuya espesura y la fuerza de la vegetación aumentan a medida que se camina hacia el convento de Caripe.

La bajada de la Cuchilla es mucho menor que la subida; hallamos el nivel del valle de Caripe de 200 toesas más alto que el del valle de Guanaguana. Un grupo de montañas de poca anchura separa dos honduras, de las cuales la una es fresca y deliciosa, mientras que la otra es nombrada por el ardor de su clima: estos contrastes tan comunes en México, en la Nueva Granada y en el Perú, son muy raros en la parte nordeste de la América Meridional; así es que de todas los valles elevados de la Nueva-Andalucía, el de Caripe[31] es el único muy habitado. En una provincia, cuya población es poco considerable y donde las montañas no ofrecen ni una grande masa ni alturas muy extensas, tienen los hombres pocos motivos para abandonar las llanuras por fijarse en regiones templadas y montuosas.

Viaje a las regiones equinocciales del Nuevo Continente, París, Casa de Rosa, 1826.

---

31 La altura absoluta del convento, sobre el nivel del mar, es de 412 toesas.

44

Filiación de pueblos

La importancia de una capital no depende únicamente de su población, su riqueza o su posición; y para apreciarla con alguna cabalidad, es menester recordar la extensión del territorio del que es ella centro, la masa de producciones indígenas que son objeto de su comercio, las relaciones en que se encuentra con las provincias sometidas a su influencia política. Estas diversas circunstancias se modifican con los vínculos más o menos relajados que unen a las colonias con la metrópoli; mas tales son el imperio del hábito y las combinaciones del interés comercial, que es de presumir que esa influencia de las capitales sobre los países circundantes, esas asociaciones de provincias, que se refunden entre sí bajo la denominación de reinos, de capitanías generales, de presidencias y de gobiernos, sobrevivirán así y todo a la catástrofe de la separación de las colonias.[32] No se llevarán a efecto los desmembramientos sino allí donde, a despecho de los límites naturales, se han reunido arbitrariamente partes que se hallan estorbadas en sus comunicaciones. La civilización en América, dondequiera que (como en México, Guatemala, Quito o el Perú) no existía ya hasta cierto punto antes de la conquista, se dirigió de las costas hacia el interior, ora siguiendo el valle de un gran río, ora una cordillera de montañas que ofrecían climas templados. Concentrada a la vez en diferentes puntos, se propagó al modo de radios divergentes. La reunión en provincias o en reinos se efectuó con el primitivo contacto inmediato entre las porciones civilizadas o por lo menos sometidas a una dominación estable y regular. Comarcas desiertas o habitadas por pueblos salvajes cercan hoy los países conquistados por la civilización europea; y aquéllas separan tales conquistas como con brazos de mar difíciles de franquear manteniéndose las más de las veces estados de vecindad mediante franjas de tierras desmontadas. Más fácil es conocer la configuración de las costas bañadas por el océano que las sinuosidades de este litoral interior en que la barbarie y la civilización, las selvas impenetrables y los terrenos cultivados, se tocan y delimitan. Por no haber reflexionado sobre el estado de las nacientes sociedades del Nuevo Mundo, desfiguran los geógrafos tan a menudo sus mapas, trazando las diferentes

---

32   Reinos, Capitanías generales, Presidencias, Gobiernos, Provincias, son los nombres que la corte de España ha dado siempre a sus dominios de ultramar.

partes de las colonias españolas y portuguesas como si estuviesen contiguas en todos los puntos del interior. El conocimiento local que he podido adquirir por mí mismo acerca de esos límites, me pone en capacidad de fijar con alguna certidumbre la extensión de las grandes divisiones territoriales, de comparar la parte silvestre y la habitada, y de apreciar la influencia política más o menos grande que ejercen ciertas ciudades de América, como centros de poder y de comercio (...).

Podríase objetar que en otras partes de la América española y portuguesa, dondequiera que pueda seguirse el desarrollo progresivo de la civilización, hallamos reunidas las tres edades de la sociedad;[33] pero hay que observar, y esta observación es muy importante para los que quieren conocer a fondo el estado político de las diversas colonias, que la disposición de las tres zonas, la de los bosques, la de los pastos y la de las tierras labradas, no es igual dondequiera, y que en ninguna parte es tan regular como en el país de Venezuela. Mucho dista de lo cierto que sea siempre de la costa hacia el interior que van disminuyendo la población, la industria comercial y la cultura intelectual. En México, en el Perú y en Quito, son las altiplanicies y la montañas centrales las que presentan la más numerosa reunión de cultivadores, las ciudades más contiguas, las instituciones más antiguas. Y aún se observa que en el reino de Buenos Aires, la región de los pastos, conocida con el nombre de Pampas, se halla interpuesta entre el puente aislado de Buenos Aires y la gran masa de indios labradores que habitan las cordilleras de Charcas, La Paz y Potosí. Esta circunstancia da origen, en un mismo país, a una diversidad de intereses entre los pueblos del interior y los habitantes de la costa.

Cuando se quiere tener una idea precisa de estas vastas provincias que desde ha siglos han sido gobernadas casi como estados separados, por virreyes y capitanes generales, hay que prestar atención a una vez sobre varios puntos. Hay que distinguir las partes de la América española opuestas al Asia, de las que están bañadas por el océano Atlántico; hay que discutir, como acabamos de hacerlo, dónde está colocada la mayor parte de la población y si ella está aproximada a las costas, o si está concentrada en el interior, sobre las altiplanicies frías y templadas de las cordilleras; hay que

---

33   Nouv. Esp., tomo II, pág. 68.

verificar la razón numérica entre los indígenas y las demás castas, investigar el origen de las familias europeas, examinar a qué raza pertenece el mayor número de blancos en cada parte de las colonias. Los andaluces-canarios de Venezuela, los ¿montañeses (así llaman en España a los habitantes de las montañas de Santander) y los vizcaínos de México, los catalanes de Buenos Aires, difieren esencialmente entre sí en lo que hace a su aptitud para la agricultura, para las artes mecánicas, para el comercio, y para las cosas que provienen del desarrollo de la inteligencia. Cada una de estas razas ha conservado, en el Nuevo como en el Viejo Mundo, los matices que constituyen su fisonomía nacional, la aspereza o la blandura de su carácter, su moderación o el deseo excesivo de lucro, su hospitalidad afable o el gusto por el aislamiento. En los países cuya población está compuesta en gran parte de indios y de castas mezcladas, las diferencias que se manifiestan entre los europeos y sus descendientes no pueden sin duda ser tan opuestas y definidas como las que antaño exhibían las colonias de origen jónico o dórico. Españoles trasplantados a la zona tórrida, hechos bajo un nuevo cielo casi extranjeros a los recuerdos de la madre patria han debido experimentar mudanzas más sensibles que los griegos establecidos en las costas del Asia Menor o de Italia, cuyos climas difieren tan poco de los de Atenas o de Corinto. No es posible negar las diversas modificaciones que en el carácter del español-americano han producido a una vez la constitución física del país, el aislamiento de las capitales en altiplanicies, o su proximidad a las costas, la vida agrícola, el trabajo de las minas, y el hábito de las especulaciones comerciales; pero doquier se reconoce, en los habitantes de Caracas, de Santa Fe, de Quito y de Buenos Aires, algo que pertenece a la raza, a la filiación de los pueblos.

Viaje a las regiones equinocciales del Nuevo Continente. Introducción de Eduardo Röhl. Traducción de Lisandro Alvarado, Caracas, Ministerio de Educación, 1941-1942, tomo I, págs. 293-300.

Hombres de maíz

No se duda ya entre los botánicos que el maíz o trigo turco es un verdadero trigo americano, que el Nuevo Continente le ha dado al Antiguo. También parece que el cultivo de esta planta en España es muy anterior al de las papas. Oviedo,[34] cuyo primer *Ensayo sobre la Historia Natural de las Indias* se imprimió en Toledo en 1525, dice haber visto maíz cultivado en Andalucía, y cerca de la capilla de Atocha en las inmediaciones de Madrid. Este aserto es tanto más notable, cuanto un pasaje de Hernández (lib. VII, cap. XL) podría dar lugar a creer que el maíz todavía no era conocido en España en tiempo de Felipe II, a últimos del siglo XVI.

Cuando los europeos descubrieron América, el Zea maíz (en lengua azteca tlaolli, en la de Haití mahiz, en quechua cara), ya se cultivaba desde la parte más meridional de Chile hasta Pensilvania. Era tradición en los pueblos aztecas, que los toltecas son los que introdujeron en México en el siglo VII de nuestra Era, el cultivo del maíz, del algodón y del pimiento. Acaso estos ramos diversos de agricultura ya existían antes de los toltecas, y podría muy bien ser que aquella nación, cuya gran civilización han celebrado todos los historiadores, no hizo más que darles mayor extensión con buen éxito. Hernández nos dice que los mismos otomíes, que eran un pueblo errante y bárbaro, sembraban maíz. Por consiguiente, el cultivo de esta gramínea se extendía hasta más allá del Río Grande de Santiago, en otro tiempo llamado Tololotlán.

El maíz que se ha introducido en el norte de Europa, padece con el frío en todos los parajes en que la temperatura media no llega a 7 u 8° centígrados. Lo propio sucede en el lomo de las cordilleras, en donde el centeno y particularmente la cebada vegetan con mucha lozanía en alturas que no son a propósito para el cultivo del maíz a causa de la intemperie del clima. Pero en cambio, este último baja hasta las regiones más cálidas de la zona tórrida y hasta en llanos en donde la espiga del trigo, cebada y centeno ni aun llega a desarrollarse. De ahí resulta que en el día, en la escala de los varios géneros de cultivo de la parte equinoccial del reino de México, el maíz ocupa un lugar mucho más distinguido que los cereales del Antiguo Continente, y es

---

34 *Rerum medicarum Novæ Hispanice thesaurus*, 1651, lib. VII, cap. XL, pág. 247.

también de todas las gramíneas útiles al hombre la que tiene más volumen de perisperma harinoso.

Comúnmente se cree que esta planta es la única especie de trigo conocida de los americanos antes de la llegada de los europeos. Sin embargo, parece cierto que en Chile, en el siglo XVI y aun mucho tiempo antes, además del zea maíz y el Zea curagua, se cultivaban dos gramíneas llamadas magu y tuca que, según el abate Molina la primera era una especie de centeno y la segunda de cebada. El pan que se hacía con este trigo araucano se designaba con el nombre de covque, palabra que sucesivamente ha pasado al pan hecho con trigo de Europa.[35] Hernández pretende aun haber encontrado entre los indios de Michoacán una especie de trigo[36] que, según su descripción, se asemeja al trigo de abundancia (*triticum compositum*), que se cree originario de Egipto. A pesar de todos los informes que he tomado durante mi misión en la provincia de Valladolid, no me ha sido posible aclarar este punto interesante para la historia de los cereales. Nadie conoce allí un trigo propio del país, y sospecho que Hernández ha llamado *triticum michuacanense* a alguna variedad de trigo europeo que se ha vuelto silvestre, y que crece en un suelo fertilísimo.

La fecundidad del tlaolli, o maíz mexicano, es mayor de cuanto se puede imaginar en Europa. Favorecida la planta por la fuerza del calor y la mucha humedad, se levanta hasta 2 o 3 metros de altura. En los hermosos llanos que se extienden desde San Juan del Río hasta Querétaro, por ejemplo, en las tierras de la gran hacienda de la Esperanza, una fanega de maíz produce a veces ochocientas; algunas tierras fértiles dan unos años con otros de tres a cuatrocientas. En las inmediaciones de Valladolid se reputa por mala una cosecha que no produce más de 130 o 150 por uno. En los parajes en que el suelo es más estéril, todavía se cuentan sesenta u ochenta granos. En general se cree que el producto del maíz, en la región equinoccial del reino de Nueva España, se puede valuar a ciento cincuenta por uno. Solo el valle de Toluca cosecha al año más de 600 mil fanegas,[37] en una extensión de 30

---

35 Molina. *Historia natural de Chile*, pág. 101.
36 Hernández, págs. 7, 43; Clavigero, I, 56, nota F.
37 Una fanega pesa 4 arrobas o 100 libras; en algunas provincias 120 libras (50 a 60 kilogramos).

leguas cuadradas, y en gran parte de este terreno se da el maguey. Entre los paralelos de 18 y 22°, los hielos y vientos fríos hacen poco lucrativo este cultivo en los llanos cuya altura pasa de 3.000 metros. En la intendencia de Guadalajara, la cosecha anual del maíz pasa de 90 millones de kilogramos, o un 1.800.000 fanegas.

Bajo la zona templada, entre los 33 y 38° de latitud, por ejemplo en la Nueva California, en general el maíz no produce unos años con otros más que de 70 a 80 granos por uno. Comparando las memorias manuscritas del padre Fermín Lassuen, que tengo en mi poder, con los resúmenes estadísticos que se han publicado en la relación histórica del viaje del señor de Galiano, pudiera yo muy bien indicar pueblo por pueblo las cantidades de maíz sembradas y cogidas. He hallado que en 1791, doce misiones de la Nueva California[38] cosecharon 7.625 fanegas en un terreno que habían sembrado con 96. En 1801, la cosecha de dieciséis misiones fue de 4.661 fanegas, sin haber sembrado más que 66. De ahí resulta para el primer año un producto de 79 y para el segundo de 70 por uno. En general esta costa, bien así como todos los países fríos, parece más apta para el cultivo de los cereales de Europa. Con todo, los mismos estados que tengo a la vista prueban que en algunos parajes de la Nueva California, por ejemplo, en los campos pertenecientes a los pueblos de San Buenaventura y Capistrano, muchas veces ha dado el maíz de 180 a 200 por uno.

Aunque en México se cultiva una gran cantidad de trigo, el maíz debe considerarse como el alimento principal del pueblo, como también lo es de la mayor parte de los animales domésticos. El precio de este género modifica el Se todos los demás, y es por decirlo así el regulador natural. Cuando la cosecha es mala, sea por falta de agua, sea por hielos tempranos, la carestía es general y tiene funestísimos efectos. Las gallinas, los pavos y aun el ganado mayor también se resienten de ella. Un caminante que atraviesa una provincia en donde el maíz se ha helado, no encuentra huevos, ni aves, ni pan de arepa, ni harina para hacer el atolli [atole], que es una especie de papilla o gachas nutritivas y sabrosas. La carestía de víveres se hace sensible principalmente en los alrededores de las minas mexicanas; en las de Guanajuato, por ejemplo, en donde catorce mil mulos, que se ocupan en los obradores

---

38   Viaje de la Sutil, pág. 168.

de la amalgamación, se consumen anualmente cantidades enormes de maíz. Ya he citado más arriba la influencia que las carestías han ejercido periódicamente en el progreso de la población de Nueva España. El hambre horrible del año de 1784, provino de una helada terrible que hubo el 28 de agosto, época en que menos debía esperarse bajo la zona tórrida y a la altura poco considerable de 1.800 metros sobre el nivel del Océano.

De todas las gramíneas cultivadas ninguna presenta un producto tan desigual. Este producto varía en un mismo terreno de 40 a 200 o 300 granos por uno, según las mudanzas de humedad y temperatura media del año. Si la cosecha es buena el colono se enriquece más rápidamente con el maíz que con el trigo; y puede asegurarse que este cultivo participa de las ventajas y desventajas del de la viña. El precio del maíz varía desde medio peso hasta cinco la fanega. El precio medio es de un peso en lo interior del país; pero el porte lo aumenta de tal manera, que durante mi estadía en la intendencia de Guanajuato, costó la fanega catorce reales de plata en Salamanca, dos pesos y medio en Querétaro y cuatro y medio en San Luis Potosí. En un país en donde no hay almacenes, y los naturales no viven más que para salir del día, el pueblo sufre inmensamente cuando el maíz se mantiene durante mucho tiempo a dos pesos la fanega: entonces los naturales se alimentan de fruta que todavía no está sazonada, bayas de cactus y raíces. Esta mala comida produce enfermedades; y en general se observa que las carestías van acompañadas de una gran mortandad en los niños.

En las regiones cálidas y muy húmedas, el maíz puede dar dos o tres cosechas al año; pero en general no se hace más que una: se siembra desde mediados de junio hasta últimos de agosto. Entre muchísimas variedades de esta gramínea nutritiva, hay una cuya espiga madura a los dos meses de sembrado el grano. Esta variedad precoz es muy conocida en Hungría; y el señor Parmentier ha tratado de propagar su cultivo en Francia. Los mexicanos que habitan en las costas del mar del Sur dan la preferencia a otra calidad, que ya Oviedo[39] asegura haber visto en la provincia de Nicaragua, que se cosecha en menos de treinta o cuarenta días. También me acuerdo haberlo observado cerca de Tomependa en las márgenes del río Amazonas; pero todas estas variedades de maíz, cuya vegetación es tan rápida, parece

---

39   Lib. VII, cap. I, pág. 103.

que tienen el grano menos harinoso y casi tan pequeño como el zea curagua de Chile.

La utilidad que los americanos sacan del maíz es demasiado conocida, para que sea necesario detenerme aquí a manifestarla. El uso del arroz apenas es tan variado en la China y las grandes Indias. Se come la espiga cocida o asada, y con el grano machacado se hace pan muy nutritivo (arepa), bien que no hace masa ni tiene levadura, a causa de la pequeña cantidad de gluten unido a la fécula almidonada. Con la harina se hacen puches que los mexicanos llaman atolli, y los sazonan con azúcar, miel y a veces patatas molidas. El botánico Hernández[40] describe dieciséis especies de atole que vio hacer en su tiempo.

Mucho trabajo tendría un químico para preparar la innumerable variedad de bebidas espiritosas, ácidas o dulces que los indios saben hacer con mucha maña, poniendo en infusión el grano del maíz en donde la materia azucarada empieza a desenvolverse con la germinación. Estas bebidas que comúnmente se designan por la palabra chicha, se parecen unas a la cerveza y otras a la sidra. Bajo el gobierno monástico de los incas, no era permitido en el Perú fabricar licores embriagantes, principalmente los que llaman vinapu y sora.[41] Los déspotas mexicanos tomaban menos interés en las costumbres públicas y privadas: por eso en tiempo de la dinastía azteca ya era muy común la embriaguez entre los indios. Pero los europeos han multiplicado los goces del común del pueblo, introduciendo el cultivo de la caña de azúcar. Hoy en día cada altura ofrece al indio bebidas particulares. Los llanos inmediatos a las costas producen el guarapo o aguardiente de caña y la chicha de manioc; en la falda de las cordilleras abunda la chicha de maíz; el alto llano central es el país de las viñas mexicanas: allí se encuentran los plantíos de agave que producen el pulque de maguey que es la bebida favorita de los naturales. El indio acomodado añade a estas producciones del suelo americano otro licor, más escaso y caro, cual es el aguardiente de uvas que llaman aguardiente de Castilla, que en parte va de Europa y en parte se hace en el país mismo. He, aquí muchísimos recursos para un pueblo que apetece de los licores fuertes hasta el exceso.

---

40   Lib. VII, cap. XL, pág. 244.

41   Garcilaso, lib. VIII, cap. IX (tomo I, pág. 277). Acosta, lib. IV, cap. XVI, pág. 238.

Antes de la llegada de los europeos los mexicanos y los peruanos exprimían el jugo de la caña del maíz para hacer azúcar. No se contentaban con reconcentrar este jugo por medio de la evaporación; sabían preparar el azúcar bruto haciendo enfriar el jarabe espeso. Describiendo Cortés al emperador Carlos V todos los géneros que se vendían en el mercado grande de Tlatelolco, cuando entró en Tenochtitlán, cita expresamente el azúcar mexicano diciendo: «venden miel de abejas, y cera, y miel de cañas de maíz, que son tan melosas y dulces como las de azúcar; y miel de unas plantas que llaman en las otras y éstas maguey, que es muy mejor que arrope; y de estas plantas facen azúcar y vino que así mismo venden».[42] La paja de todas las gramíneas contiene materia azucarada, principalmente cerca de los nudos; sin embargo, parece de poquísima consideración el azúcar que puede dar el maíz en la zona templada; bajo los trópicos al contrario, su tallo hueco es en tal manera azucarado, que yo he visto a menudo a los indios chuparlo como hacen los negros con la caña de azúcar. En el valle de Toluca chafan la paja de maíz entre cilindros y con su zumo fermentado preparan un licor espiritoso llamado pulque de maíz o de tlaolli, que es un objeto de comercio (...).

Comparado el maíz al trigo de Europa, tiene la desventaja de contener menor cantidad de substancia nutritiva en un volumen mucho mayor. Esta circunstancia, unida a la de los malos caminos en la falda de las montañas, son obstáculos para su exportación. Será más frecuente cuando esté concluida la hermosa calzada que debe ir de Veracruz a Jalapa y Perote. Las islas en general, principalmente la de Cuba, consumen una cantidad enorme de maíz; y muchas veces les falta porque el interés de los habitantes se fija casi exclusivamente en el cultivo de la caña de azúcar y café; no obstante que algunos agricultores instruidos han observado hace mucho tiempo, que en el distrito que hay entre La Habana, el puerto de Batabanó y Matanzas, los campos de maíz cultivados por hombres libres dan más beneficio neto que una hacienda de caña: este último cultivo exige adelantos considerables en compra de esclavos, manutención de éstos y la construcción de sus dependencias.

Si bien es probable que en Chile, en otro tiempo, a más del maíz se sembraban dos gramíneas de semilla harinosa, que pertenecen al mismo género

---

42   Lorenzana, pág. 103.

que nuestra cebada y trigo, no es menos cierto que antes de la llegada de los españoles a América no se conocía allí ningún cereal del Antiguo Continente. Suponiendo que todos los hombres traen su origen de un mismo tronco, acaso podría admitirse que los americanos se han separado, como los atlantes[43] del resto del género humano antes que el trigo se cultivase en el llano central del Asia. Pero ¿debemos perdernos en los tiempos fabulosos para explicar antiguas comunicaciones que parece haber habido entre ambos continentes? En tiempo de Herodoto toda la parte septentrional del África no ofrecía aún otros pueblos agricultores, sino los egipcios y cartagineses.[44] En lo interior del Asia, las tribus de raza mongola, los hiongnus, los burates, los kalkas y los sifanes constantemente han sido pastores errantes. Pero si aquellos pueblos del Asia Central, o si los libios del África hubiesen podido pasar al Nuevo Continente, no habrían ni unos ni otros introducido allí el cultivo de los cereales; luego la falta de estas gramíneas no es una prueba contra el origen asiático de los pueblos americanos, ni contra la posibilidad de una transmigración bastante reciente.

Ensayo político sobre el reino de la Nueva España, págs. 248-254.

---

43   Véase la opinión enunciada por Diodoro de Sicilia, lib. III, P. Rhodom, 186.
44   *Heeren über Africa*, pág. 41.

54

Gran corriente de rotación o Gulf-Stream

En la parte septentrional del Océano Atlántico, entre Europa, el norte de África y el nuevo Continente, las aguas son arrastradas por una corriente que vuelve sobre sí misma. Bajo los trópicos, este torbellino general, que podría llamarse, en razón de la causa que lo determina, corriente de rotación, se dirige, como es sabido, de este a oeste, en igual sentido que los vientos alisios. Apresura la marcha de los buques que hacen vela de las Islas Canarias a la América meridional, y casi imposibilita la vuelta en línea recta de Cartagena de Indias a Cumaná. La fuerza de esta corriente occidental, atribuida a la influencia de los vientos alisios, se aumenta en el mar de las Antillas por la agitación mucho mayor de las aguas, agitación cuya causa remota, descubierta en 1560 por Sir Humphrey Gilbert, ha sido desenvuelta luego, con más precisión, por Renell en 1832. Entre Madagascar y la costa oriental de África, marcha, de norte a sur, la corriente de Mozambique que se estrella contra las playas de Madagascar, en el banco de las Agujas o más al norte aún, para dar vuelta a la punta meridional de África, sube con violencia a lo largo de las costas occidentales de este continente hasta un poco más allá del Ecuador, hacia la isla de San Tomás, comunica a parte de las aguas del Océano Atlántico austral un impulso hacia el noroeste, y las envía finalmente a chocar contra el cabo de San Agustín, y costear las playas de la Guayana, hasta las bocas del Orinoco, la Boca del Drago y la costa de Paria. El nuevo continente, desde el istmo de Panamá, hasta la parte septentrional de México, opone un dique que detiene este movimiento del mar y fuerza a la corriente a dirigirse hacia el norte partiendo de Veragua, y a seguir las sinuosidades de las costas de Costa Rica, Mosquitos, Campeche y Tabasco. Las aguas que entran en el golfo de México por el paso que queda libre entre el cabo Catoche de Yucatán y el cabo San Antonio de Cuba, vuelven al Océano Atlántico por el canal de Bahamas, después de haber cumplido un gran movimiento de rotación entre Veracruz, Tamiagua, la embocadura del Río Bravo del Norte y la del Mississippi Estas aguas al reunirse al océano hacia el norte, forman lo que llaman los navegantes el Gulf-Stream, esto es, un río veloz de aguas calientes que se apartan más cada vez, siguiendo una línea diagonal, de las costas de la América del norte. Los buques que, desde los puertos de Europa, navegan hacia estos parajes y no están seguros de la longitud a que se encuentran, pueden orientarse, tan presto como tocan al Gulf-Stream, con solo sencillas observaciones de latitud, gracias a la oblicuidad de esta corriente, cuya situación ha sido por primera vez determinada exactamente por Franklin, Williams y Pownall.

A partir del paralelo 41, el río de agua caliente, que gana siempre en anchura a medida que pierde su velocidad, se desvía súbitamente hacia el este, y va a tocar casi el límite meridional del gran banco de Terranova. He observado que en este sitio la temperatura de sus aguas contrasta más que en ninguna otra parte, con las inmediatas, enfriadas por el contacto de las arenas. Antes de llegar a las más occidentales de las Azores, el Gulf-Stream se divide en dos brazos, uno de los cuales, al menos en ciertas estaciones del año, se dirige hacia Islandia y Noruega, el otro hacia las Canarias y las costas occidentales del África del norte. Este movimiento del Atlántico, que con más pormenor he descrito en mi Viaje a las regiones equinocciales, explica cómo, a despecho de los vientos alisios, son acarreados troncos de árboles dicotiledóneos desde la América del sur y las Indias orientales, hasta las costas de las Islas Canarias. He hecho en las inmediaciones del banco de Terranova, un gran número de experiencias acerca de la temperatura del Gulf-Stream. Trae esta corriente, con gran rapidez, las aguas calientes de las latitudes bajas a las regiones más próximas al norte; de lo que resulta que la temperatura es en 2 o 3° Réaumur más elevada que la de las aguas inmóviles que la rodean y que forman en cierto modo las playas de esta corriente pelágica de agua tibia.

El pez-volador de la zona equinoccial (*Exocetus rolitans*) se adelanta hacia el norte y penetra hasta gran distancia en la zona templada, siguiendo la corriente del río donde le retiene el calor de las aguas. El *Fucus natans* que se acumula en la superficie del Gulf-Stream, particularmente en el golfo de México, hace fácil de reconocer al navegante la entrada de la corriente, y aun la disposición misma de los ramos indica la dirección del río. El palo-mayor del navío de guerra inglés, el Tilbury, incendiado durante la guerra de los siete años en la costa de Santo Domingo, fue a parar, llevado por la corriente de agua caliente, a las playas de la Escocia septentrional. Toneles llenos de aceite de palma, restos del cargamento de un buque inglés que había naufragado en un escollo, cerca del cabo López en África, llegaron igualmente hasta las costas de Escocia. Estos restos habían atravesado, por consiguiente, dos veces todo el Océano Atlántico, de este a oeste, entre 2 y 12º de latitud, siguiendo la corriente equinoccial; la segunda vez de este a oeste, entre 45 y 55º llevados por el Gulf-Stream. Cuenta Rennell el viaje de una botella flotante, arrojada con una inscripción desde el buque inglés Newcastle, el 20 de enero de 1819, a los 38° 52' de latitud, y 66° 20' de longitud, que fue hallada solo el 2 de junio de 1820, en la costa noroeste de Irlanda, cerca de la isla de Arran. Poco antes de mi llegada a Tenerife, había arrojado el mar en la rada de Santa Cruz, un tronco de cedro de la América meridional (*Cedrela odorata*), todavía totalmente cubierto por su corteza, a que habían quedado adheridos gran cantidad de líquenes.

El Gulf-Stream, arrojando a las islas de Fayal, de Florez y de Corvo (que pertenecen al grupo de las Azores) tallos de bambúes, trozos de madera artísticamente trabajados, troncos de una especie de pino propia de México y las Antillas, y que no era conocida aún, y cadáveres humanos de una raza particular, notable por la anchura de la cara, ha contribuido, como se sabe, al descubrimiento de la América. Estos hallazgos fortificaron las conjeturas de Colón sobre la existencia de islas y regiones acuáticas situadas hacia el oeste, a distancia que no debía ser considerable. Aprendió Colón de labios de algunos extranjeros establecidos en las Azores, en el cabo Berga, que se habían encontrado navegando al oeste, barcas cubiertas, tripuladas por hombres de aspecto raro, y hechas de tal modo que nunca podrían hundirse. Que naturales de América, esquimales, probablemente de Groenlandia o del Labrador, arrastrados hacia el sudeste por corrientes y tempestades, hayan pasado realmente a nuestro continente, lo comprueban los más convincentes testimonios, aunque el hecho fuese por largo tiempo puesto en duda. Wallace refiere que en 1682, se vio a un groenlandés en su canoa, por gran número de personas en la punta meridional de la isla de Eda. No pudo conseguirse el apoderarse de él. En 1684, un pescador groenlandés apareció también cerca de la isla de Westram. Veíase colgada en la iglesia de Burra, una canoa que había pertenecido a esquimales y que las corrientes o la tempestad habían arrojado a la playa. Los habitantes de las Oreadas, designan a los groenlandeses que se muestran en estos parajes con el nombre de Finneses (Finn men).

Hallo mencionado en la historia de Venecia, por el cardenal Bembo, el hecho de que en 1508 un buque francés capturó en las costas de Inglaterra una pequeña canoa tripulada por siete hombres de extraño aspecto. La descripción responde por completo a la conformación de los esquimales. Nadie pudo comprender su lengua. Sus vestidos estaban sujetos con espinas de peces; llevaban en la cabeza «una corona de paja, rodeada como de siete orejitas». Comían carne cruda y bebían sangre humana como nosotros bebemos vino. Seis de estos hombres murieron en el viaje; el séptimo, que era joven, fue presentado al rey de Francia (Luis XII) que estaba entonces en Orléans.

La aparición de supuestos indios en las costas orientales de Alemania, en tiempo de los Otones y de Federico Barbarroja, en los siglos X y XII, y aún en época mucho más remota, cuando Quintus Metellus Celer era el procónsul de las Galias, como lo atestigua Cornelius Nepote en sus fragmentos, se explica del mismo modo por los efectos de las corrientes marinas y la persistencia de los viento del noroeste. Un rey de los Boianos, de los Suevos dicen otros, hizo a Metellus Celer, el presente de hombres de color oscuro que habían sido arrojados a la playa. Ya Gómara es de parecer que los indios del rey de los Boianos eran indígenas del Labrador. Los esquimales han podido aparecer en las costas septentrionales de Europa, con frecuencia tanto mayor, cuanto que su raza formaba en los siglos XI y XII, como sabemos por las investigaciones de Rask y de Finn Magnusen, una población extraordinariamente numerosa que, bajo el nombre de Skrelingos, se extendía desde el Labrador, hasta el Winland, el país del buen vino, es decir, hasta las costas de Massachusetts y de Connecticut.

Del propio modo que la temperatura se suaviza durante el invierno en el extremo septentrional de la Escandinavia por el Gulf-Stream, que acarrea hasta más allá del paralelo 62, frutos de la América tropical, tales como los del cocotero, la *Mimosa scandens* y el *Anacardium occidental*, la Islandia goza también de tiempo en tiempo de los benéficos efectos que produce esta vasta corriente de agua tibia, al esparcirse a lo lejos en las latitudes septentrionales. Reciben las costas de Islandia, como las de las islas de Feroé, considerable número de troncos de árboles americanos. En otro tiempo se utilizaban para construcciones estas maderas que arrojaba entonces el mar en mayor proporción; hacíanse de ellas tablas y vigas. Los frutos de las plantas tropicales que se recogen en las playas de Islandia atestiguan la dirección que siguen las aguas del sur al norte.

Cuadros de la naturaleza. Traducción de Bernardo Giner, Caracas, Monte Ávila Editores, 1972, tomo I, págs. 151-156.

Caracas

Dos meses pasé en Caracas. Habitábamos el señor Bonpland y yo en una casa grande casi aislada, en la parte más elevada de la ciudad. Desde lo alto de una galería podíamos divisar a un tiempo la cúspide de la Silla, la cresta dentada de Galipán y el risueño valle del Guaire, cuyo rico cultivo contrasta con la sombría cortina de montañas en derredor. Era la estación de la sequía. Para mejorar los pastos se pone fuego a las sabanas y al césped que cubre las rocas más escarpadas. Vistos desde lejos estos vastos abrasamientos, producen sorprendentes efectos de luz. Dondequiera que las sabanas, al seguir las ondulaciones de los declives rocallosos, han colmado los surcos excavados por las aguas, los terrenos inflamados se presentan, en alguna noche oscura, como corrientes de lavas suspendidas sobre el valle. Su luz viva bien que tranquila, toma una coloración rojiza cuando el viento que desciende de la Silla acumula regueros de vapores en las regiones bajas. Otras veces, y tal espectáculo es de lo más imponente, estas bandas luminosas, envueltas en espesas nubes, no aparecen más que a intervalos al través de las aclaradas. A medida que van subiendo las nubes se derrama una viva claridad sobre sus bordes. Estos diversos fenómenos, tan comunes bajo los trópicos, cobran interés por la forma de las montañas, la disposición de las faldas y la altura de las sabanas cubiertas de gramíneas alpinas. Durante el día, el viento de Petare, que sopla del Este, empuja hacia la ciudad el humo, y mengua la transparencia del aire.

Si teníamos por qué estar satisfechos de la disposición de nuestra casa, lo estábamos aún más por la acogida que nos hacían las clases todas de los habitantes. Es un deber para mí citar la noble hospitalidad que para nosotros usó el jefe del gobierno, señor de Guevara Vasconcelos, capitán general por entonces de las provincias de Venezuela. Bien que haya tenido yo la ventaja, que conmigo han compartido pocos españoles, de visitar sucesivamente a Caracas, La Habana, Santa Fe de Bogotá, Quito, Lima y México, y de que en estas seis capitales de la América española mi situación me relacionara con personas de todas las jerarquías, no por eso me permitiré juzgar sobre los diferentes grados de civilización a que la sociedad se ha elevado ya en cada colonia. Más fácil es indicar los diversos matices de la cultura nacional y el intento hacia el cual se dirige de preferencia el desarrollo intelectual, que comparar y clasificar lo que no puede ser comprendido desde un solo punto de vista. Me ha parecido que hay una marcada tendencia al estudio profundo de las ciencias en México y en Santa Fe de Bogotá; mayor gusto por las letras y cuanto pueda lisonjear una imaginación ardiente y móvil en Quito y en Lima: más luces sobre las relaciones políticas de las naciones, miras más extensas sobre el estado de las colonias y de las metrópolis, en La Habana y en Caracas. Las múltiples comunicaciones con la Europa comercial y el mar de las Antillas que arriba hemos descrito como un Mediterráneo de muchas bocas, han influido poderosamente en el progreso de la sociedad en la isla de Cuba y en las hermosas provincias de Venezuela. Además, en ninguna parte de la América española ha tomado la civilización una fisonomía más europea. El gran número de indios labradores que habitan en México y en el interior de la Nueva Granada dan a estos vastos países un carácter particular, casi diría más exótico. A pesar del acrecentamiento de la población negra, cree uno estar en La Habana y en Caracas más cerca de Cádiz y de los Estados Unidos que en otra parte alguna del Nuevo Mundo.

Estando situada Caracas en el continente y siendo su población menos flotante que la de las islas, se han conservado mejor allí que en La Habana las costumbres nacionales. No ofrece la sociedad placeres muy vivos y variados, pero se experimenta en el seno de las familias ese sentimiento de bienestar que inspiran una jovialidad franca y la cordialidad unida a la cortesía de los modales. En Caracas existen, como dondequiera que se prepara un gran cambio en las ideas, dos categorías de hombres, pudiéramos decir, dos generaciones muy diversas. La una, que es al fin poco numerosa, conserva una viva adhesión a los antiguos usos, a la simplicidad de las costumbres, a la moderación en los deseos. Solo vive ella en las imágenes del pasado: le parece que la América es propiedad de sus antepasados que la conquistaron; y porque detesta eso que llaman la ilustración del siglo, conserva con cuidado como una parte de su patrimonio sus prejuicios hereditarios. La otra, ocupándose menos aún del presente que del porvenir, posee una inclinación irreflexiva a menudo, por hábitos e ideas nuevas. Y cuando esta inclinación se halla acompañada del amor por una instrucción sólida, cuando se refrena y dirige a merced de una razón fuerte e instruida, sus efectos resultan útiles para la sociedad. Entre los de esta segunda generación conocí en Caracas varios hombres distinguidos al igual por su afición al estudio, la apacibilidad de sus costumbres, y la elevación de sus sentimientos; y también los he conocido que, desdeñando todas aquellas cosas estimables y bellas que exhiben el carácter, la literatura y las artes españolas, han perdido su individualidad nacional, sin haber recogido, en sus relaciones con los extranjeros, nociones precisas sobre las verdaderas bases de la felicidad y del orden social.

Como desde el reinado de Carlos V han pasado de la metrópoli a las colonias el espíritu de corporación y los rencores municipales, gustan en Cumaná y en otras ciudades comerciales de Tierra Firme de exagerar las pretensiones nobiliarias de las más ilustres familias de Caracas, designadas con el nombre de mantuanas. Ignoro cómo se han manifestado antes tales pretensiones; pero me ha parecido que el progreso de la ilustración y la revolución que se ha operado en las costumbres han hecho desaparecer poco a poco, y con bastante generalidad, lo ofensivo de las distinciones entre los blancos. Existen dos géneros de nobleza en todas las colonias. Una se compone de criollos cuyos antepasados han ocupado muy recientemente puestos elevados en América: funda en parte sus prerrogativas en el lustre de que goza en la metrópoli, y cree poder conservarlas allende los mares, cualquiera que haya sido la época de su establecimiento en las colonias. La otra nobleza se atiene más al suelo americano: se compone de descendientes de los conquistadores, es decir, de los españoles que sirvieron en el ejército desde las primeras conquistas. Entre estos guerreros, compañeros de armas de Cortés, de Losada y de Pizarro, pertenecían varios a las familias más distinguidas de la Península; otros, provenientes de las clases inferiores del pueblo, ilustraron sus nombres con el valor caballeresco que caracteriza los comienzos del siglo XVI. En otra parte he recordado que estudiando esos tiempos de entusiasmo religioso y militar, tras los grandes capitanes vienen hombres probos, sencillos y generosos. Vituperaban las crueldades que manchaban la gloria del nombre español; pero confundidos en el montón, no pudieron salvarse de la proscripción general. Continuó siendo tanto más odioso el nombre de los conquistadores, cuanto la mayor parte de ellos, después de haber ultrajado pueblos pacíficos y vivido en el seno de la opulencia, no probaron al fin de su carrera esas largas adversidades que calman el odio del hombre y mitigan a veces el juicio severo de la historia.

Pero no tan solo el progreso de la ilustración y el conflicto entre dos noblezas de diferente origen inducen a las castas privilegiadas a renunciar a sus pretensiones o por lo menos a disfrazarlas hábilmente. En las colonias españolas la aristocracia tiene un contrapeso de otra suerte, cuya acción se hace de día en día más poderosa: entre los blancos ha penetrado en todas las almas un sentimiento de igualdad; y por donde quiera que se mira a los pardos, bien como esclavos, bien como manumitidos, lo que constituye la nobleza es la libertad hereditaria, la persuasión íntima de no contar entre los antepasados sino hombres libres. En las colonias la verdadera señal exterior de esa nobleza es el color de la piel. En México como en el Perú, en Caracas como en la isla de Cuba, se oye decir diariamente a alguno que anda descalzo: «Ese blanco tan rico, ¿creerá que es más blanco que yo?» Muy considerable como es la población que la Europa puede derramar en la América, se comprende que el axioma: todo blanco es caballero, contraría singularmente las pretensiones de las familias europeas cuyo lustre data de bien atrás. Hay más todavía: la verdad de ese axioma ha sido desde ha largo tiempo reconocida en España, en un pueblo justamente célebre por su lealtad, su industria y su espíritu nacional. Todo vizcaíno dice que es noble; y como existen más vizcaínos en América y en las Filipinas que en la Península, los blancos de esta raza han contribuido no poco a propagar en las colonias el sistema de igualdad de todos los hombres cuya sangre no se ha mezclado con la sangre africana.

Por lo demás, los países cuyos habitantes, aun sin un gobierno representativo, ni institución de paria dan tan grande importancia a las genealogías y a las ventajas del nacimiento, no siempre son aquellos en que la aristocracia de las familias es la más chocante. Buscaríanse en vano entre los pueblos de origen español esas maneras frías y pretenciosas que parece hacer más comunes en el resto de Europa el carácter de la civilización moderna. En las colonias, lo mismo que en la metrópoli, la cordialidad, la confianza, y una gran sencillez en los modales, aproximan las diferentes clases de la sociedad; y aun puede decirse que la expresión de la vanidad y el amor propio lastima tanto menos cuanto tiene algo de franco e ingenuo.

Noté en varias familias de Caracas gusto por la instrucción, conocimiento de las obras maestras de la literatura francesa e italiana, una decidida predilección por la música que se cultiva con éxito y sirve —como siempre hace el cultivo de las bellas artes— para aproximar las diferentes clases de la sociedad. Las ciencias exactas, el dibujo y la pintura, no poseen aquí esos grandes establecimientos que México y Santa Fe deben a la munificencia del gobierno español y al patriótico celo de los nacionales. En medio de una naturaleza tan maravillosa y tan rica en producciones, nadie en estas playas se ocupaba del estudio de las plantas y los minerales. Fue solamente en un convento de franciscanos donde encontré un anciano respetable, el padre Puerto, que calculaba el almanaque para todas las provincias de Venezuela, y que tenía algunas nociones precisas sobre el estado de la astronomía moderna. Interesábanle vivamente nuestros instrumentos, y un día se vio llena nuestra casa de todos los frailes de San Francisco, quienes, con gran sorpresa nuestra, solicitaban ver una brújula de inclinación. La curiosidad enderezada a los fenómenos físicos aumenta en los países minados por fuego volcánico, bajo un clima en que la naturaleza es a una vez tan imponente y está tan misteriosamente agitada.

Al recordar que en los Estados Unidos de la América del Norte publican periódicos en pequeñas ciudades de 3.000 habitantes, sorprende el saber que Caracas, con una población de cuarenta a cincuenta mil almas, carecía de imprenta antes de 1806; porque no puede darse este nombre a prensas con las que de año en año se ha probado a imprimir algunas páginas de un calendario o un mandato del obispo. El número de las personas conocedoras de la necesidad de leer no es muy grande, aun en aquellas de las colonias españolas más avanzadas en la civilización; aunque sería injusto atribuir a los colonos lo que ha sido el resultado de una política suspicaz. Un francés, el señor Delpeche, entroncado con una de las familias más respetables del país, la de los Montillas, tiene el mérito de haber establecido por primera vez una hermosa imprenta en Caracas. Espectáculo bastante extraordinario es, en los tiempos modernos, ver cómo un establecimiento de este género, que ofrece el mayor de los medios de comunicación entre los hombres, ha seguido y no precedido a una revolución política.

En una región que presenta aspectos tan arrobadores, en una época en que, a pesar de las tentativas de un movimiento popular, la mayoría de los habitantes solo dirigían sus pensamientos a asuntos de un interés físico, fertilidad del año, largas sequías, conflicto de los vientos de Petare y Catia, creía que se debían encontrar muchas personas que conociesen a fondo los altos montes circundantes. No se cumplieron mis esperanzas; y no pudimos descubrir en Caracas un solo hombre que hubiese llegado a la cumbre de la Silla. Tan alto no suben los cazadores en el dorso de las montañas, y apenas se viaja en estos países para buscar plantas alpinas, para examinar rocas, o para llevar un barómetro a lugares elevados. Por la costumbre de una vida uniforme y casera, se espantan de la fatiga y de los cambios súbitos del clima; y pudiera decirse que no viven para gozar de la vida, sino únicamente para prolongarla.

Viaje a las regiones equinocciales del Nuevo Continente, tomo II, págs. 329-335.

Los pueblos pintados

La reunión de los indios en Pararuma nos ocasionó de nuevo ese interés que pone dondequiera el hombre cultivado en el estudio del hombre salvaje y del desenvolvimiento sucesivo de nuestras facultades intelectuales. ¡Cuánta dificultad en reconocer, en esta infancia de la sociedad, en esta reunión de indios hoscos, silenciosos, impasibles, el carácter primitivo de nuestra especie! Aquí no se ve la naturaleza humana con esos rasgos de dulce ingenuidad a merced de los cuales han trazado los poetas en todas las lenguas tan seductores cuadros. El salvaje del Orinoco nos pareció tan astroso como el del Mississippi, descrito por el señor de Volney, el viajero filósofo que ha sabido pintar mejor al hombre en los diferentes climas. Inclinado está uno a persuadirse de que esos indígenas, de cuclillas cerca del fuego o sentados en grandes carapachos de tortugas, cubierto el cuerpo de tierra y de grasa, fijos estúpidamente los ojos por horas enteras en el brebaje que preparan, lejos de ser el tipo primitivo de nuestra especie, son una raza degenerada, tenues restos de pueblos que, después de haber estado largo tiempo dispersados en las selvas, han sido reintegrados a la barbarie.

Siendo, por decirlo así, el único vestido de los indios la pintura de color bermejo, pueden de ella distinguirse dos clases, según sean más o menos pudientes las personas. El común adorno de los caribes, los otomacos y los yaruros es el onoto, que los españoles llaman Achote, y los colonos de Cayena Rocú.[45] Es la materia colorante que se extrae de la pulpa de la Bixa Orellana.[46] Para preparar el onoto, las mujeres indianas echan las semillas de la planta en una tina llena de agua; baten el agua durante una hora, y entonces dejan que se deposite quietamente la fécula colorante, que es de un rojo de ladrillo muy intenso. Después de haber apartado el agua, se retira la fécula, se la exprime entre las manos, amásanla con aceite de huevos de tortuga y forman de ello tortas redondeadas de 3 a 4 onzas de peso. A falta de aceite de tortuga, algunas naciones mezclan con el onoto la grasa de cocodrilo. Otro pigmento mucho más valioso sacan de una planta de la familia de las

---

45 Propiamente Anoto. Esta voz es de la lengua tamanaca. Los Maipures llaman a la Bija Mayepa. Los misioneros españoles dicen onotarse, untarse la piel con Bija, embijarse.

46 La voz misma Bixa, que los botanistas han adoptado, está tomada de la antigua lengua de Haití o isla de Santo Domingo. Rocú se deriva de la voz brasileña Urucú.

Bignoniáceas que el señor Bonpland ha descrito con el nombre de Bignonia Chica.[47] Los Tamanacos la llaman Craviri, los Maipures Kiraaviri. Trepa en los árboles más elevados y a ellos se adhiere con zarcillos. Sus flores bilabiadas tienen una pulgada de largo, son de un hermoso color violeta, y están dispuestas de dos en dos o de tres en tres. Sus hojas bipinadas se ponen rojizas al desecarse, y el fruto es una silicua llena de semillas aladas, que mide 2 pies de longitud. Esta Bignonia crece espontáneamente y en grande abundancia cerca de Maipures, y remontando el Orinoco allende la boca del Guaviare, desde Santa Bárbara hasta el alto cerro del Duida, ante todo cerca de Esmeralda. Igualmente la hemos encontrado a orillas del Casiquiare. El pigmento rojo de la chica no se saca del fruto, como el onoto, sino de las hojas maceradas en agua. Sepárase la materia colorante bajo la forma de un polvo sumamente leve. Se le recoge, sin mezclarlo con aceite de tortuga, en panecillos de 8 a 9 pulgadas de largo y de 2 a 3 de grueso, redondeados en los bordes. Estos panes, al calentarlos, exhalan un olor agradable de benjuí. Sometida la chica a la destilación, no se obtienen vestigios sensibles de amoniaco, no siendo así una sustancia nitrogenada como el añil. Disuélvese ligeramente en los ácidos sulfúrico y muriático, y aun en los álcalis. Estrujada con aceite, presenta la chica un color rojo con un matiz de laca, y este color, aplicado a la lana, podría confundirse con el rojo de la rubia. No es dudoso que la chica, desconocida en Europa antes de nuestro viaje, podrá ser empleada útilmente en las artes. Las naciones del Orinoco que mejor preparan este pigmento son los salivas, los güipunaves,[48] los cáveres y los piaroas. Los procedimientos de infusión y maceración son en general muy comunes entre todos los pueblos del Orinoco. De esta suerte, los maipures hacen su comercio de cambio con panecillos de Puruma, que es una fécula vegetal desecada a la manera del añil, la cual da un color amarillo muy fijo. La química del salvaje se reduce a la preparación de los pigmentos, a la de los venenos, y a la dulcificación de las raíces amiláceas que crían las aroideas y las euforbiáceas.

La mayor parte de los misioneros del alto y del bajo Orinoco permiten a los indios de sus misiones pintarse la piel. Es penoso decir que algunos es-

---

47 *Plantes equinoxiales*, tomo I, pág. 108, lám. XXXI. Gili. Saggio, tomo I, pág. 218.
48 Güipunaves o Guaypuñavcs. Ellos mismos se llaman Uipunavi.

peculan con ese estado de desnudez de los indígenas. No pudiendo vender las telas y vestidos, los frailes comercian con el pigmento rojo, que tan solicitado es de los naturales. He visto a menudo en sus cabañas fastuosamente llamadas convento,[49] depósitos de chica, que se vende hasta el precio de 4 pesetas la torta. Para dar una idea exacta del lujo en el adorno de los indios desnudos, observaré aquí que un hombre de una gran estatura apenas gana por el trabajo de dos semanas lo bastante para obtener en cambio la chica necesaria para pintarse de colorado. Así pues, lo mismo que en los climas templados dicen de un hombre pobre: «No tiene con qué vestirse», oímos decir a los indios del Orinoco: «Tan miserable está este hombre que no tiene con qué pintarse (embijarse, onotarse) la mitad del cuerpo». El pequeño comercio de chica se hace por lo principal con las tribus del bajo Orinoco, cuyo territorio no produce la planta que suministra esa preciosa materia. Los caribes y otomacos se pintan solamente la cabeza y los cabellos con chica; pero los salivas poseen el pigmento en gran abundancia, y lo bastante para usarlo en todo el cuerpo. Cuando los misioneros envían a Angostura, por su cuenta, pequeños cargamentos de cacao, tabaco y Chiquichique[50] de Río Negro, añaden siempre a ello tortas de chica, en clase de mercancía muy solicitada. Algunas personas de raza europea emplean esta fécula roja desleída en agua como un excelente diurético.

El uso de pintarse no es uniformemente antiguo en todos los pueblos del Orinoco, y se ha generalizado desde la época en que la poderosa nación de los caribes hizo frecuentes incursiones en esos países. Los vencedores y los vencidos estaban igualmente desnudos; mas, para agradar al vencedor, fue menester pintarse como él y preferir su color. Hoy, cuando la influencia de los caribes ha cesado y cuando ellos quedan circunscritos entre los ríos Caroní, Cuyuní y Paraguamusi, la moda caribe de pintarse todo el cuerpo se ha conservado, y la usanza sobrevivió a la conquista.

¿Ha provenido el empleo del onoto y la chica del deseo de agradar y de ese gusto por los adornos tan común entre los pueblos más salvajes, o habrá de creerse que está fundado en la observación de que las materias

---

49 En las misiones la sacristía lleva el nombre de convento; es la casa del Padre.
50 Chiquichiqui, cordería extraída de los pecíolos de una palmera de hojas pinadas de que hablaremos después.

colorantes y aceitosas con las que se embadurna la piel le preservan de la picadura de los mosquitos? He oído con frecuencia discutir esta cuestión en las misiones del Orinoco y en puntos de los trópicos en que el aire está lleno de insectos ponzoñosos. Obsérvese que el caribe y el saliva, pintados de colorado, son así y todo tan cruelmente torturados por los mosquitos y zancudos como los indios cuyo cuerpo no está untado con color. En unos y otros no causa ronchas la picadura, y apenas se ven formarse esas pústulas o tumorcillos que ocasionan a los europeos recién llegados tan viva comezón. Mas el indígena y el blanco sufren al igual de la picadura mientras tanto no haya retirado el insecto su trompa de la piel. Tras mil inútiles tentativas, el señor Bonpland y yo probamos por nuestra parte frotarnos las manos y los brazos con grasa de cocodrilo y aceite de huevos de tortuga, sin que nunca hubiéramos experimentado el menor alivio, pues fuimos picados como antes. No ignoro que el aceite y la grasa son ensalzados por los lapones como los más útiles preservativos; pero los insectos de la Escandinavia no son de la misma especie que los del Orinoco. El humo del tabaco ahuyenta nuestros cínifes, mientras que se le emplea inútilmente contra los zancudos. Si la aplicación de sustancias grasas y astringentes[51] preservara a los desdichados habitantes de estos países del tormento de los insectos, como lo pretende el padre Gumilla, ¿por qué la costumbre de pintarse no se habría hecho general en estas mismas riberas? ¿Por qué encontrar tantos pueblos desnudos que se pintan solamente la faz, como los guaipuñaves, de Cáveres, los guahibos, limítrofes con otros que se pintan el cuerpo entero como los caribes y los salivas, los tamanacos y los maipures?

Llama la atención ver que los indios del Orinoco, tanto como los naturales de la América septentrional, prefieren a cualquier otro pigmento las sustancias que tiñen de rojo. ¿Se fundará esta predilección en la facilidad con que el salvaje se procura tierras ocráceas o las féculas colorantes del onoto y la chica? Lo dudo mucho. El añil es silvestre en una gran parte de la América equinoccial. Esta planta, bien así como tantas otras leguminosas, habría suministrado abundantemente a los indígenas pigmento para pintarse de azul

---

51   La pulpa del onoto, y aun la chica, son astringentes y ligeramente purgantes.

como los antiguos bretones;[52] y sin embargo, no vemos en América tribus pintadas con añil. Paréceme probable, como lo he indicado ya más arriba, que la preferencia de los americanos por el color rojo está generalmente fundada en esa tendencia que tienen los pueblos de atribuir la idea de la hermosura a todo cuanto caracteriza su fisonomía nacional. Hombres cuya piel es de suyo roja con un tinte oscuro, gustan del color rojo: si nacen con la frente poco convexa, con una cabeza chata, buscan cómo deprimir la frente a los niños: si se distinguen de las otras naciones en las barbas muy escasas, tratan de arrancarse los pocos pelos que la naturaleza les ha concedido. Tanto más hermoseados se creen cuanto hacen más resaltantes los rasgos característicos de su raza o de su conformación nacional.

Sorprendiónos ver en el campamento de Pararuma que las mujeres de edad muy provecta estaban más diligentes en su adorno que las mujeres más jóvenes. Vimos una india de nación Otomaca, que se hacía frotar los cabellos con aceite de huevos de tortuga y pintar la espalda con onoto y caruto, operación en la que empleaba a sus hijas. La ornamentación consistía en una especie de enrejado de líneas cruzadas, negras, sobre un fondo rojo, poniéndose un punto negro en el centro de cada cuadradito. Era una obra de paciencia increíble. Tornamos de una herborización muy larga, y la pintura no estaba todavía a medio terminar. Y más admira esta afición a los adornos cuando se cae en la cuenta de que las figuras y los rasgos no son producidos por procedimientos de tatuaje, sino que unos dibujos hechos con tanto cuidado se borran si el indio se expone imprudentemente a fuertes aguaceros.[53] Naciones hay que no se pintan sino para asistir a los festines; a otras se las ve cubiertas con el color durante todo el año, y en éstas se considera el uso del onoto de tal modo indispensable, que los hombres y las mujeres tendrían quizá menos vergüenza de presentarse sin guayuco[54]

---

52 Los pueblos semivestidos de la zona templada se pintan a menudo la piel del color de que están teñidos sus vestidos.

53 El pigmento negro y cáustico del caruto (*Genipa americana*) resiste sin embargo largo tiempo al agua, como a nuestro mayor pesar lo hemos experimentado, habiéndonos hecho trazar un día, jugando con los indios, pintas y líneas de caruto en el rostro. Vueltos a Angostura, al seno de la civilización europea, tales manchas se distinguían todavía.

54 Guayuco, voz de lengua caribe. El perizoma de los indios del Orinoco es más bien una faldeta que un delantal. Véase más arriba.

que sin pintura. Estos guayucos del Orinoco son unas veces de cortezas de árboles, y otras de tela de algodón. Los de los hombres son más largos que los de las mujeres, en las que (al decir de los misioneros) el sentimiento del pudor es en general menos intenso. Semejante observación había sido hecha antes por Cristóbal Colón. ¿Habrá de atribuirse esta indiferencia, esta falta de pudor de las mujeres, en las naciones cuyas costumbres no son muy depravadas, al estado de embrutecimiento y esclavitud a que su sexo ha sido reducido, en la América meridional, por la injusticia y el abuso de poder de los hombres?

Cuando en Europa se habla de un indígena de la Guayana, se imaginan un hombre con la cabeza y la cintura adornadas de hermosas plumas de guacamayas, tucanes, tangaras y colibríes. Nuestros pintores y escultores ha largo tiempo que han mirado estos ornamentos como los signos característicos de un americano. Nos hemos sorprendido de no encontrar en las misiones Chaimas, en los campamentos de Uruana y Pararuma, y casi pudiera decir, en todas las orillas del Orinoco y el Casiquiare, esos bellos penachos, esos delantales de plumas que tan frecuentemente traen los viajeros de Cayena y Demerara. La mayor parte de los pueblos de Guayana, aun aquellos cuyas facultades intelectuales están bastante desarrolladas, que cultivan plantas alimenticias y saben tejer el algodón, andan tan completamente desnudos,[55] tan pobres y tan privados de ornamentos como los indígenas de la Nueva Holanda. La excesiva temperatura del aire, los abundantes sudores con que el cuerpo está bañado a toda hora del día y de gran parte de la noche hacen insoportable el uso de los vestidos. Los objetos de adorno, en particular los penachos, están reservados para los bailes y fiestas solemnes. Los penachos de los guaipuñaves, oriundos de las riberas del Inírida, uno de los afluentes del Guaviare, son los más celebrados por la selección de las hermosas plumas de manaquines y papagayos.

No siempre se contentan los indios con un color uniformemente extendido, sino que a veces imitan del modo más extravagante, la forma de los trajes europeos pintándolos en su piel. En Pararuma vimos que se hacían pintar una chaqueta azul con botones negros; y aun los misioneros nos han

---

55 Desnudez. Por ejemplo, los macos y los piaroas. Necesario es exceptuar a los caribes, en quienes el perizoma es una tela de algodón tan ancha que puede cubrir el hombre.

referido que los guainaves del río Caura tienen por costumbre teñirse de colorado con onoto, y hacerse a lo largo del cuerpo anchas estrías transversales sobre las cuales aplican pajitas de mica argentada. Viendo a lo lejos estos hombres desnudos, se cree que tienen ropas galoneadas. Si los pueblos pintados hubieran sido examinados con igual atención que los pueblos vestidos, se hubiera averiguado que la imaginación más fecunda y el capricho más versátil han creado los usos de la pintura como los de los vestidos.

La pintura y el tatuaje no están limitados en ambos mundos ni a una sola raza ni a una sola zona. Estas maneras de adorno son más comunes en las razas malayas y americanas; mas desde el tiempo de los romanos existían también entre la raza blanca en el norte de Europa. Así como los vestidos y trajes son de lo más pintorescos en el archipiélago de Grecia y en el Asia occidental, la pintura y el tatuaje ofrecen el tipo de la perfección entre los insulares del mar del Sur, en el archipiélago de las islas Mendoza. Algunos pueblos vestidos se pintan todavía las manos, las uñas y la cara. Se diría que la pintura se limita entonces a las únicas partes que quedan desnudas; y en tanto que el colorete, que recuerda el estado salvaje del hombre, desaparece poco a poco en Europa, en algunas ciudades provincianas del Perú creen las damas embellecer su tez, de suyo muy fina y blanca, cubriéndola con materias colorantes vegetales, almidón, cascarilla, harina. Cuando ha vivido uno largo tiempo en medio de hombres pintados de onoto y chica, siente singularmente revivir la impresión de estos restos de una antigua barbarie al verlos conservados en el seno de todos los usos de la civilización.

Viaje a las regiones equinocciales del Nuevo Continente, págs. 352-360.

La vida nocturna de los animales en las selvas primitivas

El sentimiento que la naturaleza inspira, y que se puede manifestar de modos tan diversos, así como la condición de los países que los pueblos habitan en la actualidad o que, antiguamente, atravesaron en sus migraciones, ha enriquecido los idiomas con palabras más o menos significativas para expresar la configuración de las montañas, el estado de la vegetación, el aspecto que ofrece la atmósfera, el perfil, en fin, que ofrecen los agrupamientos de nubes. Muchas de estas palabras, empero, merced a una larga práctica y al uso arbitrario que de ellas hace la literatura, han sido desprovistas de su sentido primitivo. Poco a poco se llega a considerar como sinónimo lo que debiera permanecer distinto, y las lenguas pierden ese encanto y ese vigor que, antaño, era capaz de expresar fielmente la fisonomía de un paisaje.

Como prueba de la riqueza lingüística que es resultado de un íntimo contacto entre la naturaleza y las necesidades que engendra la penosa vida de los nómadas, recordaré aquí el vasto número de términos por medio de los cuales se designan, en los idiomas árabe y persa, las planicies, las estepas y los desiertos, ya sea que se presenten por completo desnudos o cubiertos de arena, con algunas rocas esparcidas aquí y allá, o circundados de pastos aislados, sea, en fin, que ofrezcan vastas alfombras de plantas sociales. Una cosa igualmente sorprendente es el enorme número de expresiones que posee el idioma de Castilla la Vieja para designar el aspecto de los macizos montañosos, y los rasgos fisonómicos que encontramos en todas las zonas, y que revelan, aun desde lejos, la naturaleza de las piedras. Conglomerados de origen español habitan la pendiente de la cadena de los Andes, la parte montañosa de las Islas Canarias, las Antillas y las Filipinas; y como ahí la configuración del suelo determina, en mayor escala que en ninguna otra parte del globo (si exceptuamos, posiblemente, el Himalaya y la meseta del Tíbet), el género de vida de los habitantes, la denominación de la forma de las montañas en las regiones donde abunda la traquita, el basalto y el *pórfido*, lo mismo que en las regiones pizarrosas, calcáreas o llenas de asperón, afortunadamente se ha conservado en la práctica cotidiana. Los nombres de nuevo origen se incorporan rápidamente al tesoro común del lenguaje. Todo aquello que es naturalmente verdadero, da vida al lenguaje humano, sea que éste se aplique a pintar las sensaciones que ofrece el mundo exterior, sea que exponga los sentimientos íntimos del alma.

He aquí el objeto que, sin cesar, busca alcanzarse en la descripción de la naturaleza, tanto por la comprensión de los fenómenos como por la elección de los términos adecuados. De esta manera, sin grandes problemas, se logra ese propósito relatando con simplicidad lo que uno mismo ha visto y observado, y sujetándose al tema que el relato trata. La generalización de los cuadros de la naturaleza, la enumeración de los resultados generales, pertenece a la Doctrina del Cosmos, que no es todavía para nosotros, sin duda, sino una ciencia inductiva; pero la pintura encendida de los seres organizados (animales y vegetales), en un dominio limitado, fragmento de un todo vivo en comparación con la superficie multiforme del globo, ofrece los materiales de esta doctrina. Ella eleva el alma hasta donde los grandes fenómenos son susceptibles de ser abordados de una manera estética.

Dentro del número de esos fenómenos se encuentra, sobre todo, la inmensa región selvática que, en la zona tórrida de la América austral, se extiende a lo largo de las cuencas, reunidas, del Orinoco y el Amazonas. Esta región merece, en el sentido más riguroso del término, el nombre de selva virgen o selva primitiva, del que se ha hecho un empleo tan abusivo en estos últimos tiempos. Selva primitiva, tiempos primitivos, son nombres que implican ideas vagas por completo y de un valor, las más de las veces, totalmente relativo. Si cada bosque salvaje y espeso en el que el hombre no haya podido descargar aún el golpe del hacha devastadora, debe llamarse primitivo, es necesario reconocer, entonces, que existen multitud de estos bosques en las zonas frías y templadas. Pero si se trata de un territorio impenetrable, en el que no se puede abrir un camino, ni siquiera con el hacha, entre dos árboles de 8 a 12 pies de diámetro, el término de selva primitiva pertenece exclusivamente a los trópicos. No siempre son, como se imagina en Europa, las lianas trepadoras, sarmentosas, flexibles, las que provocan esta impenetrabilidad: con frecuencia, las lianas no forman sino apenas una pequeña masa de zarzales. Lo que impide el paso es, fundamentalmente, el conjunto de las plantas fruticosas que ocupan todos los intervalos, pues cuanto, en esta zona, recubre el suelo, es leñoso. Si los viajeros recientemente desembarcados en los trópicos o, más propiamente, en las islas, se imaginan, cerca de los litorales, haber penetrado en las selvas vírgenes, ésta es una ilusión que consiste en confundir la realidad con algo que se ha deseado mucho tiempo. No todas las selvas tropicales son selvas vírgenes: no he usado esta expresión casi nunca en mi *Relation historique*, y creo pertenecer al grupo de los naturalistas vivos que han habitado durante largo tiempo en las selvas vírgenes del interior, como Bonpland, Martius, Poeppig, Robert y Richard Schomburgk.

A pesar de la sorprendente riqueza de la lengua española para matizar los sitios naturales, no se emplea en ella sino una palabra, monte, sinónimo de cerro (*montaña*) y de selva,[56] para designar, a la vez una montaña y una selva. En mi trabajo sobre la anchura real y la más grande extensión de la cadena de los Andes, al este, he hecho ver cómo esta doble significación de monte ha sido la causa de que, en la bella carta inglesa de la América meridional, de tanta circulación ahora, las planicies aparezcan indicadas con el rango de altas montañas. Los bosques o montes de cacao, de la carta española de La Cruz Olmedilla, que ha servido de modelo a muchas otras cartas geográficas, fueron convertidos en cordilleras, por más que el cacao no se cultive sino en las planicies más cálidas.

Si echamos un vistazo sobre la región selvática que ocupa toda la América meridional, desde las sabanas de Venezuela (los llanos de Caracas) hasta las pampas de Buenos Aires, entre los 8° de latitud norte y los 19° de latitud sur, se reconoce que este *yle* (μλζιον) de la zona tropical, sobrepasa en extensión a cualquiera otra comarca boscosa del planeta. Su superficie es aproximadamente doce veces mayor que la de Alemania. Atravesada en todos sentidos por corrientes de agua cuyos afluentes de primero y segundo orden superan algunas veces, por su abundancia de agua, nuestro Danubio y nuestro Rin, esta comarca debe la exuberancia maravillosa de su vegetación arborescente a la influencia combinada de la humedad y el calor. En la zona templada, especialmente en Europa y en Asia septentrional, se pueden denominar los bosques de acuerdo con las especies de sus árboles, agrupados como plantas sociales, que los componen. En los bosques septentrionales de encinas, abetos y abedules, lo mismo que en los bosques orientales de tilos, de ordinario no se presenta como dominante sino una planta de la

---

56   Las palabras en cursiva en español provienen del original.

especie de las amentáceas, las coníferas o la tiliáceas; en ocasiones, una especie de coníferas se asocia con algunas de las amentáceas. Esta uniformidad de agrupamientos es por completo extraña a las selvas tropicales. En virtud de la enorme multiplicidad de especies de esta flora selvática, no se podría determinar con precisión de qué se componen los bosques primitivos. Una prodigiosa cantidad de familias vegetales se encuentra ahí condensada; apenas existen algunos lugares que estén ocupados por una sola y misma especie. Cada día, al tiempo del descanso, el viajero encuentra nuevos géneros, y con frecuencia percibe flores que no puede alcanzar, mientras la forma de una hoja y la ramificación de un tallo atraen su atención.

Los ríos, con sus innumerables brazos laterales, son las únicas rutas en estos territorios. A diversos intervalos, por medio de observaciones astronómicas, o, a falta de ellas, con la ayuda de la brújula, he medido las sinuosidades del Orinoco, el Casiquiare y el Río Negro. Estas observaciones han hecho ver que existen aldeas aisladas de misioneros, a unas cuantas millas las unas de las otras, cuyos monjes tardan día y medio para hacerse visitas recíprocas, siguiendo, en troncos de árboles tallados en forma de canoas, los meandros de los pequeños ríos. Pero la prueba más asombrosa de la impenetrabilidad de ciertas partes de las selvas, nos la proporciona un rasgo del género de vida que lleva el jaguar, el gran tigre panteroide de América. Desde la introducción de las bestias europeas, especialmente caballos y mulas, los animales feroces encuentran un alimento abundante en las vastas praderas de Barinas, el Meta y Buenos Aires: gracias a luchas desiguales, se han multiplicado en esos lugares, sobre todo desde el descubrimiento de América, mientras que otros individuos de la misma especie, retirados en el espesor de las selvas, cerca de las fuentes del Orinoco, acarrean una vida miserable. La pérdida lamentable que habíamos hecho de un perro bulldog, nuestro compañero de viaje más fiel y de mejor humor, en un vivaque cerca de la unión del Casiquiare con el Orinoco, nos hizo arriesgarnos a abandonar la misión de La Esmeralda, poblada de insectos, para volver a pasar una noche en el mismo paraje donde habíamos buscado en vano y durante largo tiempo a nuestro perro, pues ignorábamos si había sido la víctima de un tigre. Escuchamos de nuevo, cerca de nosotros, el gruñido del jaguar, tal vez el mismo que cometió la fechoría. Como el cielo nublado impedía que observáramos los astros, hicimos que nuestros remeros indígenas, con la ayuda de nuestro intérprete (lenguaraz), nos repitieran lo que cuentan acerca de los tigres de la región.

Con frecuencia se encuentra entre esos tigres el jaguar negro, de la raza más grande y sanguinaria, de manchas negras apenas visibles sobre su pelaje café oscuro. Esta raza habita el pie de las montañas Naraguaca y Unturán. «Los jaguares, decía un indio de la tribu de los Durimondes, se introducen arrastrados por su humor vagabundo y su rapacidad, en macizos de tal modo impenetrables, que les resulta imposible cazar en el suelo: al quedar reducidos a vivir largo tiempo en los árboles, se convierten en el terror de monos y comadrejas.»

Estos datos que tomo de mis diarios alemanes, no fueron reproducidos por extenso en mi *Relation de Voyage*, publicada en francés. En ella se encuentra una descripción detallada de la vida nocturna de los animales, mejor dicho, de sus voces nocturnas, en las selvas tropicales. Considero que esta descripción pertenece, en realidad, a los Cuadros de la Naturaleza. Lo que ha sido escrito en presencia misma de los fenómenos, o poco tiempo después de haberlos observado, cuando las sensaciones que procuran están aún frescas, debe tener más vivacidad en el colorido que el eco de un recuerdo tardío.

Navegando de oeste a este, entramos en el Orinoco por el río Apure, del que mencioné sus desbordamientos en el artículo «Desiertos y estepas». Era la época de las aguas bajas. El Apure tenía, en promedio, 1.200 pies de ancho, mientras que yo encontraba que el Orinoco, cerca de su unión con el Apure (no lejos del peñasco granítico Curiquima, donde pude medir una estación), tenía más de 11.430 pies de anchura. El peñasco Curiquima se encuentra, por tanto, a 100 millas geográficas, en línea recta, del mar y el Delta del Orinoco. Una parte de las planicies que atraviesan el Apure y el Payara está habitada por las tribus de los yaruros y los achaguas. En las aldeas de los misioneros se les llama salvajes, porque desean vivir con independencia; sin embargo, no son menos civilizados que aquellos otros que, estando bautizados, viven bajo la campana y permanecen aún extraños a toda educación.

Al abandonar la isla Del diamante donde los zambos, que hablan español, cultivan la caña de azúcar, se entra en una inmensa soledad. El aire estaba lleno de flamencos (*phoenicopterus*) y otras aves acuáticas que, semejantes a una nube de perfiles cambiantes, se desgajaban del cielo. El lecho del río no tenía más que 90 pies de ancho y formaba, en línea recta, un canal que a sus dos lados estaba flanqueado de espesos bosques. La orilla de éstos ofrece un aspecto desacostumbrado: antes del macizo casi impenetrable, compuesto de troncos gigantescos de *caesalpinia, cedrela* y *desmanthus*, se ve la ribera arenosa cubierta de un seto, muy regular, de sauso. Este seto no tiene más que 4 pies de altura y está formado por un arbolillo, el *hermesia castaneifolia*, nuevo género de la familia de las euforbiáceas. Muy cerca de ahí se encuentran algunas palmeras espinosas, de tallos largos, esbeltos, y no ramificados (posiblemente de la familia de los *martinezia* o *bactris*), a las que los españoles nombran piritu o corozo. Se diría que se trata del podado seto de un jardín, que presenta aberturas, bastante distantes unas de otras, parecidas a puertas: sin duda, los grandes cuadrúpedos de la selva fueron quienes horadaron estas aberturas en el seto, para llegar así con mayor comodidad a la orilla. De ahí se ve salir, a la alborada o al ocaso, tanto al tigre americano como al tapir y el pécari (pécari *dicotyles*), llevando a sus hijuelos al abrevadero. Cuando se inquietan ante la presencia de la canoa de un indio, no tratan de romper bruscamente el seto de sauso, sino que uno puede gozar del espectáculo de verlos retirarse lentamente, a lo largo de cuatrocientos o quinientos pasos, que es lo que media entre el seto y la ribera, y desaparecer por la abertura más cercana. Durante nuestra navegación, casi nunca interrumpida, de sesenta y cuatro días, en una extensión de 380 millas geográficas sobre el Orinoco hasta llegar a sus fuentes, sobre el Casiquiare y el Río Negro, pudimos ver, desde nuestra canoa, repetirse este espectáculo en multitud de puntos y, debo decirlo, siempre con un encanto nuevo. Vimos aparecer, agrupados, animales de las clases más diferentes, que descendían al río para apagar su sed, bañarse o pescar: con los grandes mamíferos se mezclaban garzas reales de los más variados colores, palamedeas[57] y hokos de atrevido paso (crax, alector, c. Pauxi). «Aquí es como en el paraíso», ex-

---

57 Palabra no registrada por el Diccionario de la Real Academia. Se dice de un ave zancuda de los pantanos de Brasil, la Guayana, Colombia y Venezuela (N. del T.)

clamó beatíficamente nuestro remero, un indio viejo que había sido alumno en la casa de un eclesiástico. Pero, ¡ay! desgraciadamente la dulce paz de la edad de oro no reina en este paraíso de América: los animales se observan y se evitan; el capibara o cerdo de agua, repetición colosal del carpincho común del Brasil (*cavia Aguti*), es devorado en el río por el cocodrilo, y en la tierra firme por el tigre: corre tan mal, que varias veces pudimos atrapar algunos que quedaban rezagados de la tropa numerosa.

Por debajo de la misión de Santa Bárbara de Arichuna pasamos, como de ordinario, la noche a la intemperie, sobre la orilla plana y arenosa del Apure, bordeada, a poca distancia, por una selva impenetrable. Con muchas penalidades pudimos procurarnos la suficiente madera seca para encender el fuego del que debe rodearse, según la costumbre del país, todo vivaque, con objeto de mantener alejados los jaguares. Varios cocodrilos estaban cerca del ribazo: creo haber advertido que la vista del fuego los atrae, como a nuestros cangrejos y algunos otros animales acuáticos. Los remos de nuestra embarcación estaban sólidamente clavados al suelo para atar de ellos nuestras hamacas; reinaba un profundo silencio: apenas se oía, a largos intervalos, el ronquido de los delfines de agua dulce, comunes en el Delta del Orinoco, lo mismo que en el Ganges (de acuerdo con Colebrooke) hasta cerca de Benarés; estos cetáceos se sucedían en largas filas.

Después de las once horas se elevó, en la selva cercana, un alboroto de tal naturaleza, que fue necesario renunciar a toda posibilidad de conciliar el sueño por el resto de la noche. Un aullido salvaje repercutía en la selva. Entre las numerosas voces que prorrumpían a la vez, los indios no pudieron reconocer sino aquellas que podían escucharse solas, después de un pequeño tiempo de calma. Era el plañido doloroso de los aluatos (monos aulladores), el gemido aflautado de los pequeños titís, el gruñido parlanchín del mono nocturno y rayado (*nyctipithecus trivirgatus*), que he sido el primero en describir, el grito entrecortado de los grandes tigres, el cuguar o león americano sin melena, del pécari, del calípedes, y de una legión de papagayos, pericos y otros pájaros semejantes al faisán. Cuando los tigres se aproximaban al lindero de la selva, nuestro perro, que hasta ese momento ladraba sin interrupción, venía aullando a buscar un refugio bajo nuestras hamacas. Algunas veces, el gruñido de un tigre provenía de lo alto de un árbol, y era acompañado de los sonidos modulados, plañideros, de los monos, que buscaban sustraerse a aquella persecución inesperada.

Cuando se interroga a los indios acerca de la causa de estos ruidos continuos durante ciertas noches, responden sonriendo que «los animales se divierten con la belleza del claro de Luna», que «festejan la Luna llena». La escena tumultuosa me parece que proviene, más bien, de un combate entre los animales, nacido de un accidente, que se continúa durante largo tiempo y aumenta en intensidad. El jaguar persigue a los pécari y los tapires, que, en su huida, destrozan los matorrales arborescentes, densos, que estorban su paso. De este modo alarmados, los monos unen sus gritos, desde lo alto de los árboles, a los de los grandes cuadrúpedos, despiertan así a los grupos de aves que duermen en bandadas y, poco a poco, la alerta se extiende a todos los animales. Por una larga experiencia, sabemos que no es «la fiesta del claro de Luna» lo que turba el silencio de los bosques: las voces eran más resonantes durante fuertes aguaceros, o cuando el relámpago, unido al correr del trueno, iluminaba el interior de la selva. El buen franciscano, enfermo y con fiebre desde hacía ya varios meses, el mismo que nos había acompañado a través de las cataratas de Atures y Maipures, hacia San Carlos de Río Negro, y hasta la frontera con Brasil, tenía la costumbre de decir, cuando lo acosaba el temor de una tormenta a la entrada de la noche: «Que el cielo nos depare una noche tranquila, tanto a nosotros como a las bestias feroces de la selva».

Con estas escenas de la naturaleza, que constantemente se renovaban para nosotros, contrasta singularmente el silencio que, en los trópicos, reina hacia la hora de mediodía cuando hace un calor extremo. Tomo del mismo diario un recuerdo que se relaciona con el paso estrecho del Baraguán. Este notable paso (angostura del Baraguán) es un valle de 890 toesas (5.340 pies) de anchura. La árida roca que desde él se eleva está apenas cubierta con algunos arbustos de crotón, de brillo argentado, sin contar el viejo tronco, ya seco, de una aubletia (*apeiba üburbu*) y una nueva especie de apocináceas, la *allamanda salicifolia*. El termómetro, a la sombra, o a unas pulgadas de la masa granítica tallada a pico, indicaba más de 40° Réaumur. A lo lejos todos los objetos se hallaban dotados de un movimiento ondulatorio, efecto de un espejismo. Ni un soplo agitaba el polvo arenoso del suelo.

El Sol se encontraba en el cenit, y sus rayos, que se reflejaban centelleantes en la superficie ligeramente encrespada del río, hacían que resaltara mejor aún el rojo nebuloso que bordeaba el horizonte. Los bloques de piedra y los peñascos desnudos estaban cubiertos de una multitud de grandes iguanas, de gruesas escamas, lagartos gecónicos y salamandras manchadas: inmóviles, levantada la cabeza, la boca abierta, parecía que aspiraran con delicia el aire ardiente. Los grandes mamíferos se esconden en la espesura; los pájaros se anidan en el follaje de los árboles o en las grietas de las rocas. En esta calma aparente de la naturaleza, el oído, atento a los menores sonidos, percibe un ruido sordo, cerca del suelo y en las capas inferiores de la atmósfera. Ahí todo anuncia un mundo de fuerzas orgánicas en plena actividad. En cada arbusto, en la corteza agrietada del árbol, en el terrón habitado por himenópteros, por todas partes, en fin, la vida se revela en su grandeza: se diría que se trata de una de las mil voces por las cuales la naturaleza habla al alma piadosa y sensible que sabe comprenderla.

El Humboldt venezolano. Compilación y notas de Miguel S. Wionczel. Prólogo de Jaime Labastida, Caracas, Banco Central de Venezuela, 1977, págs. 75-83.

Sobre las cataratas del Orinoco, cerca de Atures y Maipures

En la memoria precedente, que fue objeto de una lectura académica, he descrito las inmensas planicies cuyo carácter ha sido diversamente modificado por las condiciones del clima, y que se muestran, ya como superficies desnudas de toda vegetación (desiertos), ya como estepas o praderas en las que la vista se pierde. A los llanos de la parte meridional del Nuevo Continente he opuesto, por contraste, los espantosos mares de arena que se encierran en el interior de África, y a éstos las estepas de Asia central, cuna de esos pueblos pastores que, arrojados desde el fondo del Oriente, se apoderaron del mundo y esparcieron por todas partes la barbarie y la desolación.

Me había arriesgado entonces (1806) a reunir grandes secciones en un cuadro de la naturaleza, y a exponer, en pública asamblea, los objetos que, por decirlo así, se habían dilatado en mi alma. Ahora me limito a un círculo más estrecho de fenómenos, esbozando la pintura menos sombría de una vegetación lujuriosa y de valles regados por ríos espumosos. Voy a dibujar dos escenas naturales, tomadas en las soledades de la Guayana, a saber, las famosas cataratas del Orinoco, Maipures y Atures, que solo un pequeño número de europeos había visitado antes que yo.

La impresión que en nosotros deja el espectáculo de la naturaleza es provocado en menor medida por la fisonomía particular del paisaje, que por la luz bajo la cual se destacan los montes y los campos, ya iluminados por el azul del cielo, ya oscurecidos por una nube flotante. De igual modo, la pintura de las escenas naturales nos impresiona con mayor o menor intensidad, siempre que esté o no en armonía con las necesidades de nuestros sentimientos. Pues el mundo físico exterior se refleja, como un espejo, sobre el mundo moral interior. El perfil de las montañas que se dibujan en el horizonte, como en una lejanía nebulosa, el tinte sombrío de los bosques de abetos, el torrente que se precipita tumultuosamente al través de abruptos peñascos, en fin, todo cuanto forma el carácter de un paisaje, se anuda, por un antiguo lazo misterioso, a la vida sentimental del hombre.

Este lazo es el que proporciona los más nobles goces de la naturaleza. En ninguna otra parte sino en ésta nos invade un sentimiento tal de su grandeza, en ninguna parte su lenguaje es más poderoso que aquí, en los trópicos, bajo el cielo indio, como se decía en la Edad Media para designar el clima de la zona tórrida. Me atrevo a esperar que el nuevo cuadro que de esas regiones trazo, ofrecerá el mismo encanto que es propio del objeto. El recuerdo de un país rico, lejano, el aspecto de una vegetación libre, vigorosa, recrean y fortifican el ánimo; de igual modo que el espíritu, oprimido por el presente, se transporta voluntariamente hacia la juventud, y se alegra con la simple grandeza de la humanidad.

La corriente occidental y los vientos tropicales favorecen la navegación sobre el pacífico brazo del mar que se extiende por todo el espacio comprendido entre el Nuevo Continente y el África occidental. Desde antes de que se vea apuntar la costa en el horizonte, uno se asombra de la agitación de las olas que chocan entre sí, espumeando. Los navegantes no familiarizados con estos parajes suponían en ellos la proximidad de fondos bajos o el brote maravilloso de algunas fuentes de agua dulce, como se aprecia en las Antillas.

A medida que uno se aproxima a la costa granítica de la Guayana, se distingue la amplia desembocadura de una poderosa corriente que, tal como un lago que rompiera sus diques, esparce en el océano una lámina de agua dulce. Son ondas verdes, crespas de espuma blanca por los fondos bajos, contrastan con el índigo del mar que forma sus bordes nítidos.

El nombre de Orinoco, que le fue dado al río por quien lo descubrió, originado probablemente en una confusión de la lengua, es desconocido en el interior del país. En el estado primitivo, los pueblos no designan por medio de verdaderos nombres geográficos sino aquellos objetos que pueden ser confundidos con otros. El Orinoco, el Amazonas y el Magdalena son llamados, simplemente, cada uno de por sí, el río, algunas veces el gran río, la gran corriente, mientras que los habitantes ribereños distinguen los arroyos pequeños gracias a nombres particulares.

La corriente que el Orinoco establece entre el continente de la América meridional y la isla asfáltica de Trinidad es tan poderosa, que los navegantes, marchando contra ella a velas desplegadas e impulsados por un vigoroso viento del oeste, apenas pueden vencerlas. Estos parajes, solitarios y temidos, reciben el nombre de Golfo Triste; su entrada está formada por la Boca del Dragón. Es ahí donde se elevan, en medio de las bramantes olas, semejantes a torres, algunas rocas aisladas, indicios del dique granítico que, roto por la corriente, unía antiguamente la isla de Trinidad a la costa de Paria.

Fue a la vista de estos parajes que Colón, el osado descubridor de un mundo, se convenció de la existencia de un continente americano. «Una cantidad tan enorme de agua dulce (así razonaba este profundo observador de la naturaleza) no ha podido ser acumulada sino por un río de largo curso. El país que proporciona esta agua, debe ser un continente y no una isla». Los compañeros de Alejandro, al franquear el Paropanisus nevado, creyeron, según lo establece Arriano, reconocer un brazo del Nilo en el Indo, poblado de cocodrilos. De igual modo, Colón, que ignoraba que todos los productos del clima que da origen a las palmeras poseen, la misma fisonomía, se imaginó que encontraba en el Nuevo Continente no otra cosa que una gran prolongación de la costa oriental de Asia. El dulce fresco del aire de la tarde, la etérea pureza del firmamento, las emanaciones balsámicas de las flores llevadas hasta él por la brisa terrestre, todo ello, dice Herrera en sus *Décadas*, hizo pensar a Colón que se encontraba cerca del Jardín del Edén, morada sagrada de los primeros mortales. El Orinoco le pareció uno de los cuatro ríos que, según la venerable leyenda del mundo primitivo, salían del Paraíso para regar y dividir la tierra, recientemente adornada de vegetación. Este pasaje poético, extracto de la relación de Colón, o, mejor dicho, de una carta a Fernando e Isabel, fechada en Haití por octubre de 1498, posee un interés psíquico particular. Se trata, aún más, de uno de esos ejemplos que nos enseñan que la imaginación creadora se revela de igual manera en todos los grandes genios.

Al considerar la masa de agua que el Orinoco aporta en tributo al Océano Atlántico, uno se pregunta cuál de los ríos de la América austral, si el Orinoco, el Amazonas o el de La Plata, es el más grande. La pregunta es tan incierta como la misma idea de grandeza. El Río de La Plata posee la desembocadura más ancha: 23 millas geográficas. Pero, semejante a los ríos de Inglaterra, su longitud es, en proporción, mediocre. Su poca profundidad entorpece la navegación cerca, incluso, de la ciudad de Buenos Aires. La corriente del Amazonas es la más larga de todas. Desde su fuente en el Lago Lauricocha hasta su desembocadura en el mar, recorre 720 millas geográficas. Pero su anchura en la Provincia de Jaén en Bracamoros, cerca de la catarata de Rentama, donde la he medido, abajo de la pintoresca montaña de Patachuma, apenas iguala a la del Rin, cerca de Mayence.

El Orinoco, más estrecho en su desembocadura que el Río de La Plata y el Amazonas, no posee, de acuerdo con mis observaciones astronómicas, sino 280 millas de longitud. Sin embargo, en el corazón mismo de la Guayana, a 140 millas de su desembocadura, durante las crecidas, tenía bastante más de 16.200 pies de ancho. Sus aguas se elevan, anualmente, merced a avenidas periódicas, de 28 a 34 pies por encima del más bajo de sus niveles. Pero no existen aún suficientes documentos como para establecer una comparación exacta entre las enormes corrientes que riegan el continente de la América austral. Haría falta, para ello, conocer el perfil del lecho de los ríos y la velocidad del movimiento de sus aguas, tan variable en las diferentes regiones.

El Orinoco presenta varios rasgos de semejanza con el Nilo: por el Delta que forman sus brazos diversamente ramificados y todavía inexplorados, por la regularidad de sus crecidas y, en fin, por la cantidad y corpulencia de sus cocodrilos. Ambos ríos se asemejan también en que, siendo al principio unos impetuosos torrentes, se abren un largo camino al través de montañas de granito y sienita, para correr después lentamente, entre riberas sin árboles y sobre una superficie casi por entero horizontal. Desde el famoso lago de montañas, cerca de Gondar, en los Alpes abisinios de Gojam, hasta Siena y Elefantina, un brazo del Nilo, el Bahr-el-Azraq (Nilo verde), atraviesa las montañas de Shangalla y Sennar. De igual manera, el Orinoco sale de la vertiente meridional de la cadena de montañas que se extiende hacia el oeste, entre los 4° y los 5° de latitud norte, desde la Guayana francesa hasta los Andes de la Nueva Granada. Las fuentes del Orinoco no han sido visitadas por ningún europeo, pero tampoco por ningún indígena que haya tenido relaciones con europeos.

Durante nuestra navegación sobre el Orinoco superior, por el verano de 1800, alcanzamos, más allá de la Misión en La Esmeralda, las desembocaduras del Sodomoni y el Guapo. Ahí se eleva bastante por encima de las nubes la gigantesca cima del Yeonarami o Duida, montaña que, de acuerdo con mi triangulación, está a 8.278 pies por encima del nivel del mar, y cuyo aspecto ofrece una de las más extraordinarias escenas de la naturaleza tropical. Su flanco meridional es una pradera sin árboles. El aire húmedo de la tarde es embalsamado ahí por el perfume de los ananás. De las hierbas bajas de la pradera se elevan los tallos suculentos de las bromelia, cuyos dorados frutos, dominados por una corona de flores glaucas, brilla a lo lejos. Altas palmeras en abanico se agrupan en torno de tapetes de verdura en donde brotan las aguas de la montaña, y su follaje no es agitado por ningún viento refrescante que sople en esta zona tórrida.

Al este del Duida comienza un soto de cacaoteros salvajes que rodean al famoso almendro, el *bertholletia excelsa*, el más vigoroso de los productos del mundo tropical. Es a este sitio donde acuden los indígenas para elegir el material del qué hacer sus tubos, canutos de colosales gramíneas cuyos entrenudos poseen más de 17 pies de longitud. Algunos monjes franciscanos han penetrado hasta la desembocadura del Chigüire, donde el Orinoco es ya tan estrecho que los indígenas lo atraviesan por un puente que han trenzado con lianas. Los guaicas, raza humana de tinte blanquecino pero de pequeña altura, armados de flechas envenenadas, impiden al viajero avanzar más hacia el este.

Circulan también muchos cuentos acerca de que la fuente del Orinoco es un lago. Y en vano se busca la Laguna de Eldorado, que las cartas de Arrowsmith indican como un mar interior de 20 millas geográficas de longitud. El pequeño lago de Amucu, cubierto de juncos (cerca del que el Pirara, brazo del Mahou, tiene su fuente), ¿habrá dado lugar a esta fábula? Pero este pantano se encuentra 4° más al este que el paraje donde pueden suponerse las fuentes del Orinoco. Es ahí donde se situaba la isla de Pumacena, roca de pizarra micácea, cuyo resplandor tanto había seducido a los hombres del siglo décimo sexto, dando nacimiento a la famosa leyenda de Eldorado.

Al decir de multitud de indígenas, los nublados de Magallanes en el cielo austral, y hasta las magníficas nebulosas del navío de Argos, no hacen más que reflejar el brillo metálico de las argentinas montañas de Parime. Por lo demás, es una antigua costumbre de los geógrafos dogmáticos el hacer salir de lagos interiores a todos los grandes ríos del mundo.

El Orinoco pertenece al número de esos ríos singulares que, después de haber serpenteado hacia el oeste y el norte, acaba por inclinarse de tal modo al este, que su desembocadura se encuentra casi sobre el mismo meridiano que sus fuentes. Desde el Chigüire y el Geheté hasta el Guaviare, el Orinoco corre hacia el oeste como si fuera a aportar sus aguas al Océano Pacífico. En ese trayecto, envía al sur un brazo notable, el Casiquiare, poco conocido en Europa, que se une al Río Negro o, como lo llaman los indígenas, el Guainía: éste es el único ejemplo de una bifurcación o una ramificación natural, como se prefiera llamarla, de dos grandes cuencas, realizada por entero en el interior de un continente.

La naturaleza del suelo y la unión del Guaviare y el Atabapo con el Orinoco hacen que este último se desvíe bruscamente al norte. Por un error geográfico se había tomado desde hace largo tiempo el Guaviare, verdadero afluente que proviene del oeste, por el verdadero origen del Orinoco. Las dudas que un geógrafo célebre, el señor Buache, levantó, por 1797, contra la posibilidad de una unión con la corriente del Amazonas, han sido, así lo espero, por completo disipadas desde mi expedición. Una no interrumpida navegación de 230 millas geográficas al través de una tupida red de corrientes, me ha conducido al Río Negro, por el Casiquiare, hasta el Orinoco; desde las fronteras del Brasil, por el interior del Continente, hasta el litoral de Caracas.

En la parte superior de la cuenca de estos ríos, entre los 3° y los 4° de latitud norte, se encuentra, a intervalos, el fenómeno enigmático que se ha dado en llamar de las aguas negras. El Atabapo, cuyas riberas se encuentran adornadas de carolíneas y melastomatáceas arborescentes; el Temi, el Tuamini y el Guainía acarrean aguas de color café. A la sombra de bosquecillos de palmeras, este color pasa al negro para entintar. En vasos transparentes, el agua toma un tinte amarillo dorado. Las estrellas del sur reflejan su imagen con un brillo singular en estos ríos negros. Las aguas, ahí donde corren lentamente, ofrecen a los instrumentos de reflexión del astrónomo un excelente horizonte artificial.

Ningún cocodrilo, ningún pez, una frescura más acentuada, ningún mosquito, un aire sano: he aquí lo que caracteriza a la región de los ríos negros. Probablemente este extraño color se deba a una disolución de carburo hídrico, a la lujuriosa vegetación tropical y a la abundancia de hierbas de que está tapizado el suelo que atraviesan. En efecto, sobre los flancos occidentales del Chimborazo, hacia el litoral del Gran Océano, he advertido que las aguas desbordadas del río de Guayaquil adquieren poco a poco un tinte amarillo dorado, después café oscuro, cuando cubren, durante semanas, las praderas.

Cerca de la desembocadura del Guaviare y el Atabapo se encuentra una de las palmeras más nobles, el piriguao; su tallo, largo y no ramificado, con una altura de 60 pies, está coronado de un follaje crespo por sus bordes, y suave, empero, como el de las cañas. No conozco otra palmera que produzca frutos de igual manera grandes y tan agradablemente coloreados: son, como los duraznos, amarillos y manchados de púrpura. Agrupados en manchones de sesenta a ochenta individuos, forman racimos monstruosos, de los que tres mueren anualmente en cada tallo. Se podría llamar a este soberbio vegetal la palmera de los duraznos. Sus frutos carnosos carecen de granos, a causa de la exuberancia de sus jugos; proporcionan a los indígenas un alimento substancial y lleno de fécula que puede, lo mismo que el plátano o la patata, ser preparado de diversas maneras.

Hasta este lugar, o, si se prefiere, hasta la desembocadura del Guaviare, el Orinoco se extiende a lo largo del flanco meridional de la montaña de Parime. De su orilla izquierda hasta bastante más allá del ecuador, hacia los 15° de latitud sur, se extiende la inmensa planicie selvática del río Amazonas. Por tanto, en San Fernando de Atabapo, el Orinoco, volviéndose bruscamente al norte, rompe una parte de la cadena montañosa: ahí se encuentran las grandes cataratas de Atures y Maipures; ahí, el lecho del río, estrechado por rocas gigantescas, está como distribuido en enormes depósitos gracias a diques naturales.

Frente a la desembocadura del Meta, en medio de una vorágine turbulenta, se levanta una roca solitaria a lo que los indígenas han llamado con justicia la piedra de la paciencia, pues aquellos que navegan río arriba, durante el descenso de las aguas, se ven obligados a permanecer ahí, algunas veces, durante días enteros. El Orinoco, penetrando profundamente en las tierras, forma aquí grietas rocosas sumamente pintorescas. Enfrente de la Misión indígena de Carichana, el viajero se queda asombrado a la vista de una escena extraña: el ojo es involuntariamente atraído por un gigantesco cubo de granito. El Mogote de Cocuisa, cuyos flancos perpendiculares tienen 200 pies de altura y cuya cúspide está coronada de una bella arboleda. Semejante a un monumento ciclópeo, enorme por su simplicidad, este peñasco sobrepasa la cima de las palmeras que lo rodean y, bosque sobre otro bosque, se destaca en nítidos contornos, sobre el azul oscuro del cielo.

Si se continúa la navegación aguas abajo, de Carichana se llega al punto donde el río se abre paso por la estrecha garganta de Baraguán. Ahí se pueden advertir por donde quiera los rasgos de un desquiciamiento caótico. Más al norte, rumbo a Uruana y Encaramada, se levantan masas graníticas de un aspecto grotesco; despedazadas de modo extraño y de una blancura deslumbrante, se destacan sobre el verdor de los sotos.

En esta región, a partir de la desembocadura del Apure, el río abandona la cadena granítica. Se dirige al este y forma, hasta que llega al Océano Atlántico, el límite entre los bosques impenetrables de la Guayana y las sabanas donde reposa, hasta donde la vista se pierde, la bóveda celeste. Así, el Orinoco rodea por tres de sus lados, al sur, al este y al norte, el macizo montañoso de las elevaciones de Parime que ocupan el vasto espacio entre las fuentes del Jao y el Caura. Desde Carichana hasta su desembocadura, la corriente se ve libre de peñascos y torbellinos, con excepción de la Boca del Infierno, cerca de Muitaco, donde las aguas se vuelven turbulentas por el encuentro con bloques de piedras que no obstruyen, como en Atures y Maipures, todo el lecho del río. En este sitio, cerca del mar, los marinos no conocen otro peligro que las balsas naturales que el propio río forma, y contra las que vienen a estrellarse frecuentemente las canoas, sobre todo por las noches. Estas balsas se componen de árboles del bosque que las crecidas del río sacan de raíz y arrastran. Tapizados de un césped florecido de plantas acuáticas, recuerdan los jardines flotantes de los lagos mexicanos.

Después de este rápido vistazo al curso del Orinoco y a sus relaciones generales, paso ahora a la descripción de las cataratas de Maipures y Atures.

Desde el macizo de montañas de Cunavami, entre las fuentes del Sipapo y el Ventuari, una cadena de granito avanza a lo lejos, hacia el oeste, hacia las montañas de Uniama. Del cuello de esta cadena descienden cuatro ríos que circunscriben en cierto modo la catarata de Maipures: el Sipapo y el Sanariapo sobre el borde oriental del Orinoco, el Cameji y el Toparo, sobre el borde occidental. Ahí donde se encuentra situada la aldea de los misioneros de Maipures, las montañas forman una larga garganta, abierta al suroeste.

Desde ese momento, la corriente pone en movimiento sus olas espumosas por la parte baja del declive occidental. Al oeste, a lo lejos, se distinguen las antiguas riberas abandonadas. Una vasta pradera se extiende entre dos niveles de colinas. Los jesuitas han levantado aquí una pequeña iglesia con tallos de palmeras. Esta planicie apenas está elevada 30 pies por encima del nivel superior de la corriente.

El aspecto geológico de este paraje, la forma insular de las rocas Keri y Oco, las cavernas que las aguas han cavado en la primera de esas colinas y que están al mismo nivel que las excavaciones que se ven frente a ellas, en la isla de Vivitari, todos estos fenómenos prueban que esta bahía, seca en la actualidad, estaba antiguamente colmada por las aguas del Orinoco. Sus aguas formaban probablemente un gran lago, en tanto que el dique del norte les oponía resistencia. Después de la ruptura de este dique, la pradera, que actualmente es habitada por los indios guareques, apareció en principio como una isla. Es posible que el río envolviera durante largo tiempo los peñascos de Keri y Oco que, a modo de fortalezas, surgen de su antiguo lecho ofreciendo un pintoresco aspecto. Insensiblemente, después, las aguas se retiraron hasta la línea oriental de las colinas.

Esta suposición se confirma por múltiples hechos. De igual modo que el Nilo cerca de Filos y Siena, el Orinoco posee aquí la notable propiedad de ennegrecer las rocas de granito blanco rojizo que baña desde hace siglos. Exactamente en el nivel de las aguas, se advierte, sobre los bordes rocosos, un betún plomizo, de manganeso y, posiblemente, también carbonoso que penetra apenas un décimo de línea en el interior de la roca. Este betún negruzco, y las excavaciones que acabamos de mencionar, indican el antiguo nivel de la lámina de agua del Orinoco.

En el peñasco Keri, en las islas de las cataratas, en la cadena de colinas gnéisicas del Cumadaminari, que se extiende por encima de la isla de Tomo, en fin, en la desembocadura del Jao, se ven esas excavaciones negruzcas a 150 o 180 pies por encima de los actuales niveles de las aguas. Su existencia muestra (lo que, por otra parte, nos ofrecen también los lechos de todos los ríos de Europa) que esas corrientes, cuya grandeza excita nuestra admiración, no son sino débiles vestigios de las enormes masas de agua que cubrieron antaño el suelo.

Estas observaciones, tan simples, no se han escapado a los incultos naturales de la Guayana. Por todas partes, los indios nos hicieron notar los rasgos del antiguo nivel de las aguas. En una pradera, cerca de Uruana, yace un bloque de granito, aislado, que según la relación de hombres dignos de todo crédito, presenta, a una altura de 80 pies, figuras del Sol, la Luna y diversos animales, particularmente cocodrilos y boas, esculpidos simétricamente, por decirlo así. Nadie podría el día de hoy, sin la ayuda de un andamio, llegar a lo alto de este muro vertical, que merece el más atento de los exámenes por parte de los futuros viajeros. En una situación igualmente maravillosa y sorprendente se encuentran las esculturas jeroglíficas en las montañas de Uruana y Encaramada.

Si se pregunta a los indígenas cómo pudieron ser grabados esos caracteres en tal sitio, responden que fueron hechos en los tiempos de las grandes aguas, y que sus padres navegaban entonces a esas alturas. Esas aguas, de un nivel tan elevado eran, por consecuencia, contemporáneas de esos groseros monumentos del arte de los hombres. Testimonian, además, el antiguo y muy diferente reparto de los elementos líquido y sólido, e indican un antiguo estado de la superficie del planeta, que no debe ser confundido con la envoltura endurecida donde permanecen sepultadas, con el primer aliño vegetal de nuestro planeta, las especies extintas de animales gigantescos, terrestres y marinos, del mundo caótico primitivo.

En la salida más septentrional de las cataratas, la atención se dirige a las imágenes del Sol y la Luna, trazadas por la naturaleza. El peñasco Keri, que he mencionado ya en varias ocasiones, debe su nombre a una mancha blanca que brilla a lo lejos y en la que los indios creen descubrir una asombrosa semejanza con el disco de la Luna llena. Yo mismo no he podido ascender a esta roca escarpada; pero la mancha blanca es, con toda probabilidad, un poderoso macizo de cuarzo formado por venas convergentes sobre un granito gris negruzco.

Enfrente del peñasco Keri, sobre la montaña gemela de basalto de la isla Vivitari, los indios, penetrados de una misteriosa admiración, muestran un disco semejante, el Camosi: lo veneran como la imagen del Sol. Es posible que estos peñascos deban su nombre a su orientación; pues he encontrado que el llamado Keri se orienta hacia el poniente y el Camosi al oriente. Los etimologistas han creído reconocer en la palabra americana Camosi alguna analogía con Camosh, nombre del Sol en los dialectos fenicios, y con Apolo Chomeus, o con Beelfegor y Amoun.

Las cataratas de Maipures no pertenecen a este tipo de masas de agua que se precipitan de un solo golpe, como el Niágara, desde una altura de 140 pies; tampoco son esos pasos estrechos, como el Pongo de Manseriche, en el Amazonas, que la corriente atraviesa con una velocidad extraordinariamente acelerada. Las cataratas de Maipures se presentan como un conjunto de innumerables cascadas pequeñas, que se suceden las unas a las otras como por una escalinata. El raudal, nombre que los españoles dan a este tipo de cataratas, está formado por un archipiélago de islotes y rocas que estrechan el lecho del río, de una anchura de 8.000 pies, al punto en que apenas restan, con frecuencia, no más que 20 pies para el paso libre de las aguas. El lado oriental es en la actualidad bastante menos accesible y más peligroso que el lado occidental.

En la desembocadura del Cameji se descargan las mercancías, y se abandona la canoa o piragua, como la llaman en el país, vacía, para que los indios familiarizados con el raudal, la conduzcan a la desembocadura del Toparo, donde se considera fuera ya de todo peligro. Cuando las caídas de agua o las gradas de la catarata, cada una de las cuales lleva un nombre particular, no tienen más que 2 o 3 pies de altura, los indígenas se atreven a descenderlas en canoa. Pero, en la navegación aguas arriba, nadan primero contra la corriente y logran, con esfuerzos sumos, pasar una cuerda alrededor de los puntos rocosos que salen del torbellino, e izan de este modo su embarcación. Durante este penoso trabajo, la canoa se llena con frecuencia de agua, o zozobra.

Algunas veces, y es el único caso que los indígenas temen, la canoa se destroza contra los arrecifes. Entonces, los pilotos, con el cuerpo ensangrentado, buscan alejarse del torbellino para alcanzar, a nado, la orilla. En aquellos sitios en que las caídas de agua son muy elevadas, o donde las rocas atraviesan todo el ancho del río, se lleva la embarcación a tierra, y se la hace rodar, sobre troncos de árboles a lo largo del ribazo, hasta el lugar conveniente.

Las caídas de agua más temidas y más difíciles son las que reciben los nombres de Purimarimi y Manimi; su altura es de 9 pies. Con sorpresa he encontrado, auxiliado del barómetro (una nivelación geodésica es imposible de realizar, a causa de la dificultad de esos lugares, y del aire, lleno de miríadas de mosquitos), que toda la caída del raudal, desde la desembocadura del Cameji hasta la del Toparo, apenas tiene entre 28 y 30 pies. Y digo con sorpresa, pues el espantoso estrépito de esas olas encrespadas no es, por consecuencia, debido a ninguna otra cosa que al estrechamiento del río entre los innumerables islotes y rocas y a la contracorriente, determinada por la forma y la posición de las masas rocosas. De esto puede uno convencerse mejor al descender del poblado de Maipures a los bordes de la corriente, por encima del peñasco Manimi.

Ahí se goza de un espectáculo maravilloso. Un manto espumoso, de una milla de extensión, se ofrece de un golpe a la mirada. Rocas de un café ferruginoso se levantan como fortalezas en ruinas. Cada islote, cada roca se embellece con árboles lujuriantes. Al través de una nube de espuma vaporosa se ve apuntar la alta cima de las palmeras. Los rayos del Sol poniente, que se refractan en esa niebla húmeda, presentan la magia de la óptica: arcos iris, imágenes etéreas, vacilantes juegos del aire, desaparecen y renacen sin cesar.

Durante la larga estación de lluvias, en torno de peladas rocas, las aguas que fluyen hacinan islotes de tierra de aluvión. Adornados de melatomatáceas, droseras, pequeñas mimosas de hojas argentadas y helechos, estos islotes forman jardines de flores en peñascos desiertos, y recuerdan al europeo esos tapices de plantas que los habitantes de los Alpes llaman vergeles (*courtils*), bloques solitarios de granito que, cubiertos de flores, atraviesan los glaciares de Saboya.

En el azul lejano, el ojo reposa sobre el Cunavami, larga cadena de montañas que bruscamente termina en un cono truncado. Este último, al que los indios nombran Calitamini, lo vimos tinto en rojo, como besado a la puesta del Sol. Y este espectáculo se renueva cada día. Nadie se ha aproximado a esas montañas; es posible que el brillo del Calitamini sea el efecto reverberante de pizarras talcosas o plagadas de mica.

Durante los cinco días que pasamos en las cercanías de estas cataratas, observamos con sorpresa que el ruido del río era tres veces más fuerte por la noche que por el día. La misma observación se aplica a las caídas de agua que existen en Europa. ¿Qué puede ser la causa de este fenómeno, en una soledad donde nada interrumpe el silencio de la naturaleza? Es posible que la explicación deba buscarse en esas corrientes ascendentes de aire cálido que, por una mezcla heterogénea del medio elástico, impiden la propagación del sonido, dilaceran de modo diverso las ondas sonoras, y cesan cuando se presenta el enfriamiento nocturno de la corteza terrestre.

Los indios nos mostraron rastros de rodadas. Y hablan todavía con admiración de los animales cornúpetos (bueyes) que, por el tiempo de la misión de los jesuitas, arrastraban sobre carros las canoas a lo largo de la ribera izquierda del Orinoco, desde la desembocadura del Cameji hasta la del Toparo. Entonces las embarcaciones permanecían cargadas, y no estaban consumidas, como hoy, por su choque y embarazo continuos con las rocas escabrosas.

El plano topográfico que he trazado de los alrededores, hace ver que se podría abrir un canal entre el Cameji y el Toparo. El valle donde corren estos ríos vigorosos carece casi por completo de pendiente. El canal, cuya ejecución he propuesto al Gobernador General de Venezuela, sería como un brazo navegable del río, y suprimiría la peligrosa navegación de la antigua corriente.

El raudal de Atures se asemeja mucho al de Maipures. Al igual que este último, también aquel está compuesto por un grupo de innumerables islotes, entre los que la corriente se encierra, a lo largo de 3 a 4.000 toesas; también ahí un macizo de palmeras surge del seno de las aguas espumosas. Las más famosas caídas de la catarata están situadas entre los islotes de Avaguri y Javariveni, o sea, entre Suripamana y Virapuri.

Al regresar de las riberas del Río Negro, el señor Bonpland y yo nos atrevimos a franquear, con nuestras canoas cargadas, la mitad inferior del raudal de Atures. Escalamos, a intervalos, las rocas que anudan a modo de diques, los islotes entre sí. Las aguas se precipitan por encima de estos diques o se hunden con un ruido ensordecedor. El lecho del río permanece después seco en una considerable extensión, pues las aguas se abren camino por canales subterráneos. En este sitio nidifica el faisán rupícola dorado (*pipra rupícola*), uno de los pájaros más bellos de los trópicos, de cabeza coronada por un doble penacho móvil, y tan belicoso como el gallo doméstico de la India.

En el raudal de Canucari, redondeados bloques de granito, amontonados, forman la barrera. Ahí, nos deslizamos por la rampa al interior de una caverna, cuyos muros húmedos estaban tapizados de confervas y bisos lucientes. Con estrépito espantoso, el río deslizaba sobre nuestras cabezas sus olas tumultuosas. El azar nos deparó el goce de esta gran escena natural más tiempo del que hubiéramos deseado. Los indios nos habían abandonado en mitad de la catarata; la canoa debía rodear una isla estrecha para volver a encontrarnos después de un largo rodeo, en la extremidad inferior de la misma. Esperamos una hora y media, en medio de una aterradora lluvia tempestuosa. La noche se aproximaba; en vano intentamos abrigarnos en las grietas de granito. Los pequeños monos que, desde hacía meses, llevábamos con nosotros en jaulas tejidas, atrajeron, con sus chillidos plañideros a los cocodrilos, cuyo tamaño y lívido color denunciaban su vejez. No habría hablado de esta aparición, muy común en el Orinoco, si no hubiera sido porque los indios nos aseguraron que jamás se habían visto cocodrilos en las cataratas; confiando en sus palabras, osamos incluso, una vez, bañarnos en esta parte del río.

Sin embargo, a cada momento veíamos aumentar nuestras inquietudes, con el temor de pasar, húmedos y aturdidos por el trueno de la catarata, una larga noche tropical en mitad del raudal. Por fin, los indios llegaron con nuestra canoa. La caída por la que habían querido descender la habían encontrado impracticable, a causa de las aguas demasiado bajas y los pilotos se habían visto constreñidos a encontrar, en un laberinto de corrientes, un paso más accesible.

En la entrada sur del raudal de Atures, sobre la ribera derecha del río, está la gruta de Ataruipe, tan famosa entre los indígenas. El paisaje, por su carácter grave y majestuoso, contribuye a realizar aquello que es la sepultura de una nación. Se asciende penosamente, con riesgo de rodar a un precipicio, a una escarpada cresta de granito, enteramente desnuda. Sería prácticamente imposible poner el pie sobre esta superficie resbaladiza, si grandes cristales de feldespato, desafiando la injuria del tiempo, no salieran fuera de la roca.

Apenas se ha alcanzado la cima, cuando uno se sorprende de la extensa vista que puede alcanzarse a todo alrededor. Las espumosas ondas del río se ven surgir por entre colinas cubiertas de árboles; más allá de la ribera occidental, la mirada se posa sobre la inconmensurable pradera del Meta; en el horizonte aparece, como una nube amenazante, la montaña del Uniama. Tal es el contorno lejano. Al pie del espectador, en cambio, todo es desierto y limitado. El buitre y las chotacabras revolotean solitarios en el profundo surco del valle; y sus sombras fugitivas se deslizan entre el desnudo flanco del peñasco.

Esta cuenca está ceñida por montañas cuyas cumbres redondas están coronadas por enormes bloques de granito. Estos bloques tienen 40 o 50 pies de diámetro y parece que no tocaran la base que los apoya sino por un solo punto; se diría que están próximos a rodar abajo, a la menor conmoción del terreno.

La parte más alejada de este valle rocoso está cubierta de espesos bosques. A la sombra de estos bosques se abre la caverna de Ataruipe que, en realidad, es menos una caverna que un espacio abovedado por una saliente de la roca, o una depresión causada por las aguas en la época en que alcanzaban esta altura. Ahí se encuentra el sepulcro de un pueblo aniquilado. Contamos alrededor de seiscientos esqueletos bien conservados, en otras canastillas trenzadas con hojas de palmeras. Estas canastillas, a las que los indígenas dan el nombre de mapires, son unas especies de costales cuadrados, que difieren de tamaño según la edad del difunto. Hasta los infantes muertos al nacer tienen sus mapires. Estos esqueletos están tan completos que no les falta ni una costilla, ni siquiera, incluso, la falange de un dedo.

Los huesos están preparados de tres maneras: o emblanquecidos, o teñidos de rojo con el onoto, materia colorante del bixa orellana, o, en fin, como las momias, impregnados de una resina olorosa y envueltos en hojas de plátano. Los indios aseguran que durante algunos meses se introducía al cadáver en una tierra húmeda, con el objeto de que la carne se consumiera poco a poco; que enseguida se le desenterraba, y que se le raspaban los restos de carnes con piedras cortantes, costumbre que existiría aún entre muchas tribus de la Guayana. Al lado de los mapires o canastillas mortuorias, se encuentran también urnas de barro semicocido, que parecen contener las osamentas de familias enteras.

Las más grandes de estas urnas tienen 3 pies de alto por 5 y medio pies de largo; su forma es oval, guarnecidas con asas en forma de cocodrilos y serpientes; su borde superior está decorado con meandros y laberintos. Estos ornamentos se asemejan exactamente a los que cubren las paredes del palacio mexicano, cerca de Mitla. Se les vuelve a encontrar en todas las zonas, y entre los pueblos de civilizaciones más disímiles, lo mismo entre los griegos y los romanos, que en los escudos de los tahitianos y otros isleños de los Mares del Sur, por donde quiera, en fin, que una repetición rítmica de formas regulares halaga la vista. Es necesario buscar la razón de estas semejanzas en el sentimiento íntimo de nuestro ser: es más psíquico, que etnológico o histórico.

Nuestros intérpretes no pudieron ofrecernos ningún informe cierto sobre la antigüedad de estas vasijas. La mayor parte de los esqueletos no parece tener más de cien años. De acuerdo con una tradición que circula entre los indios guareques, los valientes aturianos, perseguidos por los caribes antropólogos, se refugiaron entre los peñascos de las cataratas, mansión lúgubre donde la desdichada población pereció junto con su idioma. Sepulturas parecidas se encuentran en las partes más inaccesibles del raudal, y la última familia de los aturianos posiblemente se extinguió en una época muy reciente, pues en Maipures vive aún, ¡cosa singular!, un viejo papagayo que los indígenas no comprenden pues habla, según ellos, el dialecto de los aturianos.

La noche siguiente abandonamos la gruta, después de haber recogido, con gran escándalo de nuestros guías indios, varios cráneos y el esqueleto completo de un anciano. Uno de esos cráneos ha sido dibujado por Blumenbach en su excelente obra de craneología. Por lo que ve al esqueleto, se perdió, junto con una gran parte de nuestras colecciones de historia natural, especialmente de entomología, en un naufragio, sobre la costa de África, que costó la vida a nuestro antiguo compañero de viaje, Juan González, joven monje franciscano.

Como si hubiéramos presentido esta dolorosa pérdida, nos alejamos, tristes y soñadores, de la sepultura de aquel pueblo aniquilado. Era una noche fresca y serena, tan común en los trópicos. El disco de la Luna, rodeado de anillos coloreados, brillaba en el cenit, iluminando lo nítidos bordes de la niebla que, como una nube, cubría el encrespado río. Miríadas de insectos esparcían una fosforescencia rojiza sobre la tierra cubierta de hierbas. El suelo fulguraba con un fuego animado, como si la bóveda estrellada hubiera descendido sobre la pradera. Bignonias trepadoras, vainillas aromáticas y banisteria de flores amarillas decoraban la entrada de la caverna. Por encima del sepulcro, zumbaban las cimas de las palmeras.

Así se desvanecen las generaciones humanas y la fama de las naciones. Pero si el genio se marchita como una flor, si las obras de arte perecen en el naufragio de los tiempos, un nueva vida sale a la luz del seno de la tierra. Siempre activa y fecunda, la naturaleza desenvuelve sus gérmenes, sin preocuparse si el orgulloso mortal, de casta jamás endurecida, aplasta bajo sus pies el fruto que muere.

El Humboldt venezolano, págs. 45-61.

Aclaraciones y adiciones de Humboldt

He aquí lo que acerca de esas fuentes decía yo por 1807, en la primera edición de mis *Tableaux de la nature*, y lo repito ahora, con la misma razón, cuarenta y un años más tarde. Los viajes de los hermanos Robert y Richard Schomburgk, tan importantes para muchos aspectos de las ciencias naturales, han esclarecido bastante algunos hechos interesantes; pero el problema de la situación de las fuentes del Orinoco no ha sido resuelto más que de un modo aproximado por Sir Robert Schomburgk. Por el lado este, Robert Schomburgk toma por punto de partida la montaña de los indios majonkongos (evalúa, con ayuda del tiempo de hervor del agua, en 3.300 pies la altura de la parte habitada en esa montaña), llega al Orinoco pasando por Padamo, al que los majonkongos y guinaus llaman simplemente Paramu (*Reisen in Guiana*, 1841, pág. 448). En mi Atlas, había colocado la confluencia del Padamo con el Orinoco a los 3° 12' de latitud y a los 68° 8' de longitud; Robert Schomburgk ha encontrado, por medio de la observación directa que está a los 2° 53' de latitud, y a los 68° 10' de longitud. La historia natural no era el fin principal de la empresa de este viajero; él trataba de resolver un problema sometido a concurso por la Real Sociedad Geográfica de Londres, por noviembre de 1834, a saber, el de conectar el litoral de la Guayana inglesa con el punto más oriental al que llegué en el Orinoco superior. Por fin, después de muchos esfuerzos, este problema ha quedado resuelto. Robert Schomburgk arribó el 22 de febrero de 1839, con todos sus instrumentos, a La Esmeralda. Sus determinaciones de latitud y de longitud geográficas concuerdan con las mías mejor de lo que yo lo hubiera esperado (págs. XVIII y 471).

Pero escuchemos al mismo observador:

«Me hacen falta palabras para expresar las sensaciones que me dominaban cuando salté a la costa. Mi propósito estaba cumplido, y mis observaciones, iniciadas en la costa de la Guayana, fueron confrontadas con las que Humboldt había hecho en La Esmeralda. Y reconozco francamente que en un momento en el que casi todas las fuerzas físicas me habían abandonado, cuando me encontraba rodeado de peligros y dificultades extremos, no me sentí alentado sino por sus indicaciones, para seguir el objeto que ahora alcanzaba. Las magras figuras de mis indios, mis fieles guías, anunciaban, más claramente que todas las palabras, qué obstáculos habíamos tenido que vencer». Después de estas palabras tan favorables para mí, séame permitido insertar aquí el juicio que he emitido acerca de esta expedición realizada bajo los auspicios de la Sociedad Geográfica de Londres, en el Prefacio de la edición alemana del viaje de Robert Schomburgk: «Tan luego como regresé de México, hice proposiciones sobre la dirección y las rutas que podrían abrirse en la parte desconocida de la América meridional, entre las fuentes del Orinoco, la cadena de Paracaima y el litoral del Essequibo. Los deseos que tan vivamente expresaba en mi *Relation historique* al fin se han cumplido en su mayor parte, después de medio siglo. Me ha sido concedido el goce de ver ampliado, aún durante mi vida, el dominio de la geografía en un punto tan importante. Me alegra también que una empresa tan osada, tan bien conducida y que exigía una perseverancia a toda prueba, haya sido realizada por un hombre joven al que me siento obligado por la similitud de los esfuerzos, lo mismo que por los lazos de una comunidad de patria. Estos son los únicos motivos que me han hecho sobreponerme a la aversión que padezco, posiblemente equivocada, por esos largos prefacios de segunda mano. Era para mí una necesidad la de proclamar mi estimación sincera por un viajero de talento que, presidido por el pensamiento de penetrar del este al oeste, desde el valle del Essequibo hasta La Esmeralda, ha llegado a su objetivo después de cinco años de penas y sufrimientos, que sé apreciar en parte por mi propia experiencia. El valor para realizar en el terreno una empresa audaz, es menos raro y supone menos fuerza moral que la perseverancia y la paciencia para soportar los sufrimientos físicos en aras de un interés puramente científico, sin preocuparse si después, al regresar con las fuerzas debilitadas, se encuentran las mismas privaciones. La serenidad de ánimo, requisito de primera necesidad para aventurarse por regiones inhóspitas; un amor apasionado por alguna de las ramas de los trabajos científicos (historia natural, astronomía, hipsometría, magnetismo), un sentimiento susceptible a los goces de la naturaleza, tales son los elementos que, si se encuentran reunidos en un mismo individuo, aseguran el buen éxito en un viaje grande e importante».

Comienzo por mis propias conjeturas acerca de la situación de las fuentes del Orinoco. La peligrosa ruta que siguieron, por 1739, el cirujano Nicolás

Hortsmann, de Hildesheim; por 1775, un español, don Antonio Santos y su amigo Nicolás Rodríguez; después, por 1793, don Francisco José Rodríguez Barata, teniente coronel del Primer Regimiento de línea de Para; y, en fin, de acuerdo con las cartas manuscritas que debo al Caballero de Brito, antiguo Embajador de Portugal en París, varios colonos ingleses y holandeses que, por 1811, llegaron a Para por la vía de Rupunari y el Río Branco de Suriname; esta ruta, divide la térra incógnita de Parime en dos mitades desiguales, al mismo tiempo que traza los límites de las fuentes del Orinoco, punto de la más alta importancia para la geografía de estas regiones: no es posible hacerlas retroceder hasta perderlas de vista hacia el este, sin cortar el lecho del Río Branco, que corre de norte a sur por la cuenca del Orinoco superior, mientras que este último se dirige por regla general del este al oeste. Desde principios del siglo XIX, los brasileños, por razones políticas, han manifestado un vivo interés por el conocimiento de las vastas planicies situadas al este del Río Branco. Véase la Memoria que he redactado por 1817, de acuerdo con el deseo de la Corte de Portugal, *Sur la fixation des limite de Guyanes francaise et portugaise* (Schoell, *Archives historiques et politiques*, o *Recueil de pièces officielles, mémoires*, etc., tomo I, 1818, págs. 48-58). A causa de la situación de Santa Rosa sobre el Uraricapara, cuyo curso parece ya haber sido exactamente determinado por los ingenieros portugueses, las fuentes del Orinoco no pueden encontrarse al este de los 65° ½ de longitud. Este es el límite oriental que no pueden sobrepasar; y, apoyándome sobre el estado del río cerca del raudal de Guaharibos (más arriba del cañón Chigüire, en el país de los indios guaicas, de piel extremadamente blanca, 52' al este del gran cerro Duida), pienso que el Orinoco, en su curso superior, con dificultad alcanza, cuando mucho, los 66° ½ de longitud. De acuerdo con nuestros cálculos, este punto está 4° 12' más al oeste que el pequeño lago Amucu, hasta donde el señor Schomburgk ha penetrado.

Veamos ahora las conjeturas de este último viajero. Al este de La Esmeralda, el curso del Orinoco superior se dirige del sureste al noroeste; mis estimaciones de las desembocaduras del Padamo y el Gehete, parecen ser, para la primera, de 19', y para la segunda, de 36' de latitud, demasiado pequeñas. Robert Schomburgk supone que las fuentes del Orinoco están a los 2° 30' de latitud (pág. 460), y la bella carta denominada *Map of Guiana to Ilustrate the Route of R. H. Schomburgk*, que acompaña la magnífica obra inglesa *Views in the Ulterior of Guiana*, coloca las fuentes a los 67° 18', es decir, 1° 6' al oeste de La Esmeralda y a solamente 0° 48', de longitud de París, más al oeste que no había creído deber acercarlas al litoral del Atlántico. De acuerdo con determinaciones astronómicas, Robert Schomburgk encontró el macizo de las montañas Maravaca a 3° 41' de latitud y a 68° 10' de longitud. El Orinoco, en la desembocadura del Padamo o Paramu, tenía apenas trescientas yards de anchura, y al oeste de este punto, ahí donde se ensanchaba (...).

Los lagos de estos parajes, en buena medida imaginarios, en parte engrandecidos por los geógrafos teóricos, pueden dividirse en dos grupos. El primero comprende todos aquellos que están situados entre La Esmeralda, la Misión más oriental en el Orinoco superior, y el Río Branco. El segundo, los lagos que se localizan en el distrito intermedio entre el Río Branco y las Guayanas francesa, holandesa e inglesa. Esta breve descripción, que los viajeros no deben perder jamás de vista, muestra que la cuestión de saber si al este del Río Branco existe otro lago, aparte del Amucu, visto por Horstmann, Santos, el coronel Barata y el señor Schomburgk, no tiene absolutamente nada en común con el problema de las fuentes del Orinoco. Como el nombre de mi ilustre amigo don Felipe Bauza, antiguo director de la Oficina Hidrográfica de Madrid, posee una gran autoridad en geografía, me veo obligado, por la imparcialidad que debe presidir toda discusión científica, de recordar que este sabio se inclinaba por admitir la existencia de algunos lagos al oeste del Río Branco, muy cerca de las fuentes del Orinoco. Poco tiempo antes de su muerte, me escribía desde Londres lo que sigue: «Desearía veros aquí para que pudiéramos charlar acerca de la geografía del Orinoco superior, que tanto os ha preocupado. He tenido la fortuna de evitar la destrucción completa de los documentos pertenecientes al General de marina don José Solano, padre de Solano, que pereció tan tristemente en Cádiz. Estos documentos se refieren a la delimitación de los territorios entre españoles y portugueses, tarea que le había sido encomendada a Solano desde 1754, en unión del Jefe de Escuadra Yturriaga, y don Vicente Doz. En todos estos planos y bosquejos veo una laguna, Parime, indicada unas veces como fuente del Orinoco, otras completamente separada de las mismas. Pero, ¿debe admitirse que más lejos, hacia el este, y al noreste de La Esmeralda, existe aún otro lago?». El célebre Loefling, alumno de Linneo, agregado botánico en esta expedición, alcanzó Cumaná. Después de haber visitado las Misiones que están sobre el Píritu y el Caroní, murió el 22 de febrero de 1756, en la Misión de Santa Eulalia de Murucuri, un poco al sur de la confluencia del Orinoco y el Caroní. Los documentos de los que habla Bauza son aquellos sobre los que se apoya la gran carta de De la Cruz Olmedilla. Es el modelo de todas las cartas de la América austral que aparecieron hasta el fin del último siglo, en Inglaterra, Francia y Alemania. Estos documentos también sirvieron de base a las dos cartas trazadas el año de 1756 por el padre Caulín, historiógrafo de la expedición de Solano, y por el señor de Surville, archivista de la Secretaría de Estado de Madrid, compilador inhábil. La contradicción que esas cartas encierran muestra la incertidumbre de los datos que provienen de esta expedición. Esto no es todo: el padre Caulín, historiógrafo de la expedición, revela juiciosamente las circunstancias que dieron lugar a la fábula del lago Parime; y la carta de Surville, que acompaña a su obra, no solo establece este lago bajo el nombre de Mar Blanco o Mar Dorado, sino que indica además otro lago, más pequeño, del que salen, en parte por aberturas laterales, el Orinoco, el Siapa y el Ocamo. En los lugares mismos he podido convencerme de un hecho bastante conocido en las Misiones, a saber, que don José Solano no franqueó sino las cataratas de Atures y Maipures, que no sobrepasó la confluencia del Guaviare y el Orinoco, a los 4° 3' de latitud y 70° 31' de longitud, y que los instrumentos astronómicos de la expedición limitográfica no fueron llevados ni siquiera al istmo de Pimichín y el Río Negro, ni hasta el Casiquiare, ni tampoco hasta el Orinoco superior, más allá de la desembocadura del Atabapo. Esta vasta región, que no había sido exactamente explorada antes de mi viaje, no había sido recorrida de nuevo, desde la época de Solano, sino por algunos Soldados enviados para hacer descubrimientos. Y don Apolinario de la Fuente, cuyos diarios extraídos de los Archivos de la Provincia de Quixos, he recibido, recogió los falaces relatos de los indios, y extrajo de ellos, sin crítica, todo cuanto podía halagar la credulidad del gobernador Centurión. Ningún miembro de la expedición vio nunca un lago, y don Apolinario no pudo penetrar más lejos que hasta el cerro Yumariquin y Gehete.

Después de haber establecido por línea de demarcación, en toda la extensión del país a donde se dirija la atención de los viajeros activos, la cuenca del Río Branco, resta todavía que hagamos observar que, desde hace un siglo, nuestros conocimientos geográficos relativos a la región situada al oeste de esta cuenca, entre los 64° y los 68° de longitud, no han avanzado un paso. Los intentos que el gobierno de la Guayana española ha hecho, desde la expedición de Iturriaga y Solano, para alcanzar y franquear la montañas de Pacaraima, no fueron coronados sino por un éxito demasiado insignificante. Durante el tiempo en que los españoles establecieron las Misiones de capuchinos catalanes de Barceloneta, en la confluencia del Paroni y el Caragua, fundaron, remontando este último río hacia el sur hasta su unión con el Paraguamusi, y en este sitio, la Misión Guirión, que en un principio había recibido el pomposo nombre de Ciudad de Guirión. Coloco a ésta alrededor de los 4° ½ de latitud norte. Desde ahí, el gobernador Centurión, excitado a la búsqueda de Eldorado por los fabulosos relatos de dos jefes indios, Paranacare y Arimuicaipi, de la poderosa nación de los Ipurocotos, llevó todavía más lejos aquello que por esas épocas se denominaba las conquistas espirituales, y fundó, más allá de las montañas de Paracaima, los dos poblados de Santa Rosa y San Juan Bautista de Caudacacla, el primero sobre la ribera oriental superior del Uraricapara, afluente del Uraricuera, que en la relación de Rodríguez veo denominado como río Curaricara, y el segundo 7 millas más al sureste. El geógrafo astrónomo de la Comisión Portuguesa de delimitación, el Capitán de Fragata don Antonio Pires de Silva Pontes Leme, y el Capitán de ingeniería don Ricardo Franco D'Almeida de Serra, que de 1787 a 1804 delinearon con un cuidado extremo todo el curso del Río Branco y sus ramificaciones superiores, llaman a la parte más occidental del Uraricapara el Valle de la inundación. Colocan, además, la Misión española de Santa Rosa a los 3° 46' de latitud norte, e indican la ruta que conduce al norte por encima de la cadena montañosa que está sobre el Cañón Anocapra, afluente del Paraguamusi, por la que se llega de la cuenca del Río Branco a la del Caroní. Las cartas de estos oficiales portugueses, que contienen todos los detalles de la línea trigonométrica de las curvaturas de los ríos Branco, Uraricuera, Tacutu y Mahou, han sido comunicadas al Coronel Lapie y a mí, por el conde de Linares. Estos preciosos documentos inéditos, de los que me he servido, se encuentran todavía en las manos del sabio geógrafo que desde hace largo tiempo ha comenzado a hacerlos grabar a sus expensas. Los portugueses llaman río Parime, unas veces, a todo el Río Branco, pero otras reservan este nombre solo para el afluente Uraricuera, un poco por debajo del Cañón Mayari, y por encima de la antigua Misión de San Antonio. Como las palabras Paragua y Parime significan, al mismo tiempo, agua, gran agua, lago, mar, no debe sorprender el encontrarlas con frecuencia repetidas entre los Omaguas, en el Marañen superior, los guaraníes occidentales, y los caribes; por consecuencia, entre pueblos en extremo alejados unos de otros. Bajo todas las zonas, como ya lo he hecho observar más atrás, las grandes corrientes de agua llevan entre los ribereños los nombres de ríos, sin ninguna otra designación. Paragua, rama del Caroní, es también el nombre que los indígenas dan al Orinoco superior. Por lo que ve el nombre de Orinucu, es tamanacuás, y Diego de Ordaz fue el primero que lo escuchó, durante su navegación por la desembocadura del Meta. Además del Valle de la Inundación más arriba mencionado, se encuentran también otros grandes lagos entre el río Jumuru y el Parime. Uno de estos depósitos de agua, o bahías, es un afluente del Tacutu, y los otros lo son del Uraricuera. Al mismo pie de la montaña de Pacaraima, los ríos se ven sujetos a desbordamientos periódicos; y el Lago Amucu, del que se hablará más adelante, ofrece precisamente ese carácter, por su situación a la entrada de las planicies. Las Misiones españolas de Santa Rosa y San Juan Bautista de Caudacacla o Cayacaya, fundadas los años 1770 y 1773 por el gobernador don Manuel Centurión, fueron destruidas antes de fin del siglo pasado. Y desde esa época no se ha hecho ninguna nueva tentativa para avanzar desde la cuenca del Caroní hasta el flanco meridional de la montaña de Pacaraima.

El territorio situado al este del Valle del Río Branco, ha dado lugar en estos últimos años a afortunadas investigaciones. El señor Hillhouse navegó sobre el Masaruni hasta la bahía de Caranang, desde donde un sendero, dice, conduce al viajero, en dos días, hasta la fuente del Masaruni, y, en tres días, a los afluentes del Río Branco. Por lo que se ve a las sinuosidades del gran río Masaruni, descritas por el señor Hillhouse, este último señala, en una carta que me dirige (Demerary, el primero de enero de 1834), que «el

Masaruni corre, a partir de sus fuentes, primero hacia el oeste, después al norte, en el espacio de un grado de latitud; enseguida al este cerca de 200 millas inglesas y, por fin, al norte y al nor-noreste, para unirse al Essequibo». Como el señor Hillhouse no pudo alcanzar el costado meridional de la cadena de Pacaraima, él tampoco conoce el lago Amucu; dice incluso, en su relación impresa, de acuerdo con los informes recogidos de los acauais, que sin cesar recorren el país situado entre la ribera y la corriente del Amazonas, que él ha adquirido la convicción de que tal lago no existe en esos territorios. Estas palabras me sorprenden, en cierto modo: están en contradicción directa con las ideas que me he formado acerca del lago Amucu, pues, al seguir las relaciones de Hortsmann, Santos y Rodríguez, que me habían inspirado tanta más confianza cuanto que concordaban por entero con las nuevas cartas portuguesas manuscritas, el Cañón Piramo debía salir de ese lago. En fin, después de cinco años de espera, el viaje del señor Schomburgk ha disipado todas las dudas.

«Se concibe con dificultad, dice el señor Hillhouse en su interesante *Memoria* sobre el Masaruni, que la tradición de un lago interior esté por completo desprovista de todo fundamento. He aquí lo que pudo, según mi opinión, haber conducido a admitir la existencia del lago fabuloso de Parime. A una gran distancia del precipicio de Teboco, las aguas del Masaruni presentan a la vista la imagen de un lago, de una lámina de agua tranquila. En una época más o menos lejana, cuando las capas graníticas horizontales de Teboco eran compactas y sin fisuras, las aguas debieron mantenerse a más o menos 50 pies por encima de su actual nivel, y entonces se habría formado un inmenso lago de 10 a 12 millas inglesas de ancho, por 1.500 o 2.000 millas inglesas de largo» (*Nouvelles annales de voyages*, 1836, sept. pág. 316). No es solo la extensión de la supuesta inundación lo que me impide conceder crédito a esta explicación. He visto los llanos, en la época de lluvias, donde los afluentes del Orinoco inundan anualmente una superficie de 400 millas geográficas cuadradas. El laberinto de redes y ramificaciones del Apure, el Arauca, el Capanaparo y el Sinaruco (véanse las cartas 17 y 18 de mi *Atlas géographique et physique*) desaparece entonces por completo: la configuración del lecho de los ríos se esfuma, y todo se asemeja a un inmenso lago. Donde quiera que puedan localizarse, Eldorado y el Lago

Parime, de fabulosa memoria, pertenecen históricamente a cualquier otro lugar de la Guayana, al sur de la montaña Pacaraima. Han sido (como creo haberlo demostrado desde hace treinta años) los peñascos micáceos del Ucucuamo, el nombre del río Parime (Río Branco), los desbordamientos de sus afluentes, y, sobre todo, la existencia del lago Amucu, vecino del río Rupunuwini (Rupunuri), y que se comunica por el Pirara con el río Parime, los fenómenos que han dado lugar a la fábula del Mar Blanco y Eldorado de Parime.

He visto con verdadero placer que el viaje del señor Schomburgk confirma perfectamente estos primeros datos. La parte de su carta, que traza el curso del Essequibo y el Rupunuri, es en todo nueva y de la más alta importancia para la geografía. En ella se presenta la cadena de Pacaraima entre los 3° 52' y los 4° de latitud; yo había indicado la dirección media de 4° a 4° 10'. Esta cadena alcanza la confluencia del Essequibo y el Rupunuri a los 3° 57' de latitud norte y 60° 25' de longitud oeste (siempre de acuerdo con el meridiano de París); yo había colocado esta confluencia medio grado más al norte. El señor Schomburgk denomina al río últimamente mencionado, Rupunuri, de acuerdo con la pronunciación de los macusis, y da como sinónimos Rupunuri, Rupunuwini y Opununi, pues las tribus caribes de estas regiones no pronunciaban sino con dificultades la letra r. La posición del lago Amucu y sus relaciones con el Mahou y el Tacoto concuerdan en todo con mi carta de Colombia, publicada en el año de 1825. La misma concordancia existe para el grado de latitud del lago Amucu; este viajero lo encuentra a 3° 33'; yo creí necesario detenerme a los 3° 35'. Pero el Cañón Pirara o Pirarará, que une el Amucu al Río Branco, sale del lago al norte, y no al oeste. El Sibarana que se indica en mi carta, y, del que Hortsmann indica la fuente cerca de una bella mina de cristales de roca, un poco al norte del cerro Ucucuamo, es el Siparuni de la carta de Schomburgk. El Waa-Ecuru de éste corresponde al Tavaricuru de Pontes Leme, geógrafo portugués: es el afluente del Rupunuri más cercano al lago Amucu.

Las observaciones siguientes, extraídas de la relación de Robert Schomburgk, arrojan cierta luz sobre el problema en cuestión: «El lago Amucu, dice este viajero, es ciertamente el origen del lago Parime y del pretendido Mar Blanco. Por los meses de diciembre y enero, cuando lo visitamos, tenía apenas una milla inglesa de longitud, y estaba a medias cubierto de juncos (esta última expresión se encuentra ya en la carta de D'Anville, de 1748). El Pirara sale del lago al oeste-noroeste de Pirara, poblado indígena, y se arroja en el Mau o Mahou. Este último río tiene sus fuentes, de acuerdo con las informaciones que he recogido, al norte del umbral de la montaña de Pacaraima que, en su parte oriental, no se eleva sino a 1.500 pies. Las fuentes se encuentran situadas sobre la meseta, y desde ella el río forma una bella cascada, denominada Corona. Nos encontrábamos a punto de visitarla, cuando, el tercer día de nuestra excursión por las montañas, la indisposición de uno de nuestros compañeros nos obligó a regresar a la estación del Lago Amucu. La aguas del Mau o Mahou son negruzcas (color del café) y su corriente es más rápida que la del Rupunuri. En las montañas por las que se abre paso, tiene alrededor de sesenta yardas de anchura, y sus aledaños son pintorescos en extremo. Este valle, lo mismo que las riberas del Buroburo, que se arroja en el Siparuni, está habitado por los macusis. Por el mes de abril, las sabanas se ven por entero inundadas, y ofrecen el fenómeno particular de una mezcla de aguas que pertenecen a dos cuencas diferentes. Probablemente la extensión, temporal y vasta, de este desbordamiento es lo que ha dado lugar a la fábula del lago Parime. Durante la estación de lluvias se advierte, en el interior del país, una unión de las aguas del Essequibo con el Río Branco o Gran Para. Algunos haces de árboles se elevan como oasis sobre las colinas arenosas de las sabanas, y parecen, por la época de las inundaciones, como islotes dispersos en un lago. He aquí, sin duda, las islas de Ipomucena de don Antonio Santos».

En los manuscritos de D'Anville, que me han prestado con mucha amabilidad sus herederos, he encontrado que el cirujano Hortsmann, de Hildesheim, quien ha descrito estos parajes con gran cuidado, había visto un segundo lago alpestre, que coloca a dos jornadas por encima de la confluencia del Mau con el río Parime (¿Tacurú?). El lo distingue positivamente del lago Amucu, al que describe como «cubierto de juncos». Los informes de Hortsmann y Santos, así como las cartas manuscritas portuguesas de la Oficina de Marina, en Río de Janeiro, no permiten suponer una unión permanente entre el Rupunuri y el lago Amucu. En las cartas de D'Anville, la línea de los ríos en la primera edición de *L'Amérique meridional*, de 1748, es también, bajo este aspecto, más exacta que en la edición, más conocida, de 1760. El viaje de Schomburgk confirma perfectamente la independencia de las cuencas del Essequibo y el Rupunuri; pero él hace notar que «durante la estación de lluvias, el río Waa-Ecuru, un afluente del Rupunuri, está en comunicación con el Cañón Pirara». Tal es el estado de las cuencas de estos ríos, aún poco desarrollados, y casi completamente desprovistos de salidas de separación. El Rupunuri y el poblado Anai (3° 56' de latitud, 60° 56' de longitud), son actualmente reconocidos como el límite político de los territorios británico y brasileño en esas soledades. El señor Schomburgk, gravemente indispuesto, se vio obligado a permanecer durante largo tiempo en Anai. Su determinación cronométrica del lago Amucu se apoya en la observación de varias distancias lunares que calculó (al este y al oeste) durante su estancia en Anai. Las longitudes señaladas por este viajero están, en general, para aquellos puntos del Parime, cerca de un grado más al este que las longitudes de mi carta de Colombia. Estoy bien lejos de poner en duda el resultado de las distancias lunares de Anai, pero debo recordar, tan solo, que el cálculo de esas distancias resulta importante si se desea trasladar el tiempo del lago Amucu a La Esmeralda, que yo había encontrado situada a los 68° 23' 19" de longitud. Así, pues, gracias a las más recientes investigaciones, el gran mar de Parime, que, lejos de borrar de las cartas geográficas a mi retorno de América, había sido agrandado nada menos que en 40 millas de longitud, se encuentra reducido al lago Amucu, de 2 a 3 millas inglesas de contorno. Las ilusiones que se habían mantenido durante cerca de dos siglos (la última expedición española, llevada a cabo el año de 1775, para descubrir Eldorado, costó la vida a varios cientos de hombres) han acabado por proporcionar algunos datos a la geografía. El año de 1512, millares de soldados perecieron en la expedición emprendida por Ponce de León para descubrir la fuente de la juventud en una de las islas Bahamas, llamada Bimini, y que apenas se encuentra señalada en nuestras cartas. Esta expedición condujo a la conquista de La Florida y al conocimiento de la gran corriente pelágica, el Gulf-Stream, que desemboca por el canal de las Bahamas. La sed de riquezas y el deseo de rejuvenecer, Eldorado y el agua de la juventud: he aquí lo que ha excitado a porfía las pasiones de los pueblos.

El Humboldt venezolano, págs. 47-74.

Mosquitos del Magdalena y apoteosis de Bogotá

Regresamos de este viaje de más de 1.200 millas, en julio 1800, a Santo Tomé de la Angostura. Pasamos un mes, en que examiné la región y las plantas, especialmente la corteza de Angostura, mientras que el buen Bonpland sufría de la fiebre, consecuencia de las miasmas terribles de los húmedos bosques del ecuador. De allá atravesamos el país (o la misión) de los caribes y por Nueva Barcelona fuimos a Cumaná donde llegamos en septiembre. Los caribes son el pueblo más fuerte y más musculoso que he visto nunca: ellos solos contradicen las divagaciones de Raynal y de Pauw acerca de la debilidad y la degeneración de la especie humana en el Nuevo Mundo. Un caribe adulto parece un Hércules fundido en bronce.

Llegamos a La Habana en diciembre, después de una travesía muy tormentosa y muy larga, de un mes y medio, durante la cual casi naufragamos en los arrecifes del banco de la Víbora (Víbora), al sur de Jamaica. Allí pasamos tres meses (hasta febrero 1801), sea en la casa del conde O'Reilly, sea en el campo, en casa del conde Jaruco y del marqués del Real Socorro. Ya había tomado la decisión de hacerme a la vela de aquí hacia la América del Norte, de ir hasta los cinco lagos, de descender en barco por Ohio y el Mississippi hacia la Louisiana y de ahí, encaminarme por un camino poco conocido, por tierra, hacia la Nueva Vizcaya y México. Pero muchas circunstancias me obligaron a abandonar ese plan y a volver hacia la América del Sur. Entonces me embarqué en Batabanó (Cuba); pero como por culpa de la incredulidad del piloto respecto a mis instrumentos, fuimos a dar al golfo del Darién, no llegamos a Cartagena, sino treinta y cinco días después (de otro modo la travesía dura apenas catorce días), el 1.º abril 1801, no sin gran peligro. Sin embargo yo había tenido entretanto la ocasión de determinar, con ayuda de mi cronómetro, la situación geográfica de los dos Caimanes y de otros bancos de arena y rocas que aún no eran suficientemente conocidos.[58]

Desde Cartagena visitamos a menudo el célebre bosque de Turbaco, conocido por el extraordinario espesor de sus árboles; se ven troncos de 8 pies de diámetro, por ejemplo los *Cavanillesia Mocundo*, que escaparon a la atención del excelente Jacquin.

---

58 Reiat. hist., tomo III, pág. 329.

Aquí en Cartagena encontré a M. Fidalgo y la comisión que había sido enviada para el levantamiento del mapa de las costas, provisto de tres buenos cronómetros y de otros instrumentos.[59] Como mis observaciones geográficas en el país de los indígenas, entre el Orinoco, el Casiquiare, el Río Negro y el Marañón (río Amazonas) se apoyaban sobre muchos puntos de la costa, tenía curiosidad de comparar mis determinaciones con las que había hecho M. Fidalgo. Encontramos una perfecta y admirable unidad en esas observaciones de longitudes. Hemos comprobado igualmente, por la comparación de nuestros diarios, que la aguja imantada desde 1798 declina al oeste sobre esta costa, como en Europa al este, es decir que en la América del Sur la declinación oriental ha comenzado ya a disminuir.

El vivo deseo de conocer al gran botánico, don José Celestino Mutis, que fue un amigo de Linneo y vive hoy día en Santa Fe de Bogotá; y de comparar nuestros herbarios con los suyos; y la curiosidad de ascender la inmensa Cordillera de los Andes que se extiende desde Lima (del lado norte) hasta la desembocadura del Río Atrato, en el golfo del Darién, a fin de poder hacer, según mis observaciones personales, un mapa de toda la América del Sur, desde el Río de las Amazonas hasta el norte, me impulsaron a escoger la ruta por tierra, desde Quito y más allá de Santa Fe y Popayán, a la vía marítima más allá de Porto Bello, Panamá y Guayaquil. En consecuencia, no envié sino mis más voluminosos instrumentos, los libros que no necesitaba y otros objetos por vía marítima; y nos embarcamos en el Magdalena después de una estada de casi tres semanas en Cartagena.

La violencia de la corriente nos mantuvo durante cuarenta y cinco días en el Magdalena, tiempo que pasamos siempre entre bosques muy poco habitados. No se encuentra una casa ni otra habitación humana en una extensión de 40 millas francesas. Para qué hablar del peligro de las cataratas, de los mosquitos, de las tormentas y las intemperies que se prolongan aquí de una manera ininterrumpida e inflaman todas las noches la bóveda celeste; te he descrito todo esto en detalle en otras numerosas cartas. Navegamos de esta manera hasta Honda, a 5° de latitud norte. He trazado el plan topográfico del río en cuatro hojas de las cuales el virrey ha guardado una copia; dibujé las curvas del nivel barométrico de Cartagena hasta Santa Fe; investigué el

---

59 Relat. hist., tomo III, pág. 345.

estado del aire en cuatro lugares, porque mis eudiómetros están todavía en buen estado, así como todos mis costosos instrumentos; ninguno se ha roto. A su regreso de Francia, Bouger recorrió también el Magdalena, pero solo bajando; no llevaba ningún instrumento consigo.

De Honda fui a visitar las minas de Mariquita y de Santa Ana, donde el infortunado d'Elhuyar encontró la muerte.

Acá hay plantaciones de una canela (*Laurus cinnamoides Mutis*) que se parece a la de Ceilán; es la misma que he encontrado ya en el río Guaviare y en el Orinoco.

También se encuentra el famoso almendro (*Caryocus amygdaliferus*) de los bosques de quinina y el Otóba que es una verdadera mirística (nuez moscada), hacia la cual el gobierno dirige hoy toda su atención. M. Derieux, un francés encargado de la vigilancia de estas plantaciones con un estipendio de 2.000 piastras (500 francos de oro de nuestra moneda), nos acompañó en nuestro viaje marítimo.

De Honda se sube a 1.370 toesas yendo hacia Santa Fe de Bogotá. La ruta entre las rocas —pequeños escalones tallados, solo de 18 a 20 pulgadas de ancho, de suerte que las mulas pasan con gran trabajo— es mala hasta lo indecible. Se sale de la garganta de la montaña (la boca del Monte) a 4° 35' de latitud norte y nos encontramos inmediatamente sobre una gran meseta de más de 32 millas francesas cuadradas, sobre la cual no se ven árboles, es cierto, pero que está sembrada con cereales de Europa y llena de pueblos indígenas. Esa meseta (los Llanos de Bogotá), es el fondo seco del lago Funzhe, que desempeña un papel importante en la mitología de los indios Muyscas. El principio del mal o la Luna, una mujer, generó un oleaje de pecados que dio nacimiento al lago. Pero Bochika, el principio del bien o el Sol, pulverizó la roca Tequendama, donde se halla hoy día la célebre cascada; el lago Funzhe se fue por ahí: los habitantes de la región, que huyeron a las montañas vecinas durante la inundación, volvieron a la planicie; y después de haber dado a los indios una constitución política y leyes semejantes a las de los incas. Bochika se fue a vivir en el templo de Sagamuri. Ahí vivió 25.000 años y se retiró después a su mansión, el Sol.[60]

---

60 *Vistas de las Cordilleras*, págs. 17, 246.

Nuestra llegada a Santa Fe semejó una marcha triunfal. El arzobispo nos había enviado su carroza, en la cual llegaron los notables de la ciudad. Se nos ofreció una comida a 2 millas de la ciudad y entramos con un séquito de más de 60 personas a caballo. Como se sabía que llegábamos para visitar a Mutis que goza de extrema consideración en toda la ciudad a causa de su edad avanzada, de su fama en la corte y de su carácter personal, se trató de darle un cierto relieve a nuestra llegada, de modo de honrar a este hombre en nosotros mismos. El virrey, según la etiqueta, no debe comer con nadie en la ciudad; pero por casualidad estaba en su casa de campo de Fucha y nos invitó. Mutis nos había arreglado una casa cerca de la suya y nos trató con una amistad excepcional. Es un eclesiástico anciano, venerable, de casi setenta y dos años, y también un hombre rico. El rey dispone para la expedición botánica aquí mismo 10.000 piastras por año, treinta pintores trabajan para Mutis desde hace quince años; él posee de 2.000 a 3.000 dibujos tamaño in-folio, que son miniaturas. Después de la de Banks, en Londres, jamás había visto una biblioteca botánica tan grande como la de Mutis. A pesar de la cercanía del ecuador, el clima es aquí sensiblemente frío, por la elevada altitud indicada más arriba; el termómetro está frecuentemente a 6 o 7° Réaumur, a menudo a 0°, jamás por encima de 18°.

Me he sentido muy bien en medio de las miasmas de los ríos y de las picaduras de los mosquitos que causan inflamaciones, pero el pobre Bonpland tuvo de nuevo durante tres días fiebre, en la ruta de Honda a Santa Fe. Esto nos obligó a permanecer en esta última ciudad dos meses enteros, hasta el 8 de septiembre 1801. Entretanto he medido las montañas de los alrededores, algunas de las cuales tienen una altura de 2.000 a 2.500 toesas; he visitado el lago Guatavita, la cascada Tequendama, extremadamente bella a causa del volumen de sus aguas, pero que no tienen sino 91 toesas de altura, las minas de sal gema de Zipaquirá, etc.

Apenas Bonpland se restableció, dejamos Santa Fe y estamos hoy día en camino a Quito. Queremos atravesar los Andes por Ibagué y los parajes nevados del Quindío. Bouger fue a Guanacas.

Escribo estas líneas al pie de las cordilleras que escalo dentro de tres días. Andamos más a pie que sobre las mulas. Pero esta manera de viajar nos conviene más y estamos muy bien provistos de todo lo que hace falta.

En enero 1802 voy a Lima; de ahí en mayo a Acapulco; y de allá después de haber visitado previamente México, termino mi viaje alrededor del mundo, regresando a Europa por las Filipinas y después dando vuelta al cabo de Buena Esperanza.

Cartas americanas. Compilación, prólogo, notas y cronología de Charles Minguet, Caracas, Biblioteca Ayacucho, 1980, págs. 82-85.

Alturas del Chimborazo

Acostumbrados a los reveses, nos consolamos pensando que habíamos hecho tan grandes sacrificios por desear lo mejor; echando una mirada sobre nuestros herbarios, nuestras mediciones barométricas y geodésicas, nuestros dibujos, nuestros experimentos sobre el aire de la Cordillera, no hemos lamentado para nada haber recorrido países que, en su mayoría, no han sido jamás visitados por naturalistas. Comprendimos que el hombre solo debe contar con lo que su propia energía produce. La provincia de Quito, esta elevada meseta del mundo, desgarrada por la gran catástrofe del 4 febrero 1797, nos proporcionó un vasto campo de observaciones físicas. Volcanes tan enormes cuyas llamas se elevan a menudo a 500 toesas de altura, no han podido producir jamás una gota de lava líquida; vomitan agua, gas hidrógeno sulfuroso, barro y arcilla carbonada. Desde 1797, toda esta parte del mundo está en continua agitación; hemos sufrido a cada momento sacudones terribles y el ruido subterráneo, en las llanuras del río Bamba, se parece al de una montaña que se desmorona bajo nuestros pies. El aire atmosférico y las tierras humedecidas (todos los volcanes se hallan en un *pórfido* descompuesto) parecen ser los grandes agentes de esas combustiones, de esas fermentaciones subterráneas.

Hasta ahora se ha creído en Quito que 2.470 toesas era la mayor altura que los hombres podían resistir, a causa de la rarefacción del aire. En el mes de marzo de 1802, pasamos algunos días en las grandes planicies que rodean el volcán de Antisana, a 2.107 toesas, donde los bueyes, cuando se los caza, vomitan a menudo sangre. El 16 de marzo encontramos un camino sobre la nieve, una ladera que escalamos hasta 2.773 toesas de altura. El aire contenía 0,008 de ácido carbónico, 0,218 de oxígeno y 0,774 de azóe. El termómetro de Réaumur estaba a 15°, no hizo frío para nada, pero nos salía sangre de los labios y los ojos. El sitio no permitió hacer el experimento de la brújula de Borda sino en una gruta más baja, a 2.467 toesas; la intensidad de las fuerzas magnéticas era más grande a esta altura que en Quito, en razón de 230-218; pero no hay que olvidar que frecuentemente el número de oscilaciones aumenta cuando la inclinación disminuye, y que esa intensidad aumenta por la masa de la montaña cuyos pórfidos afectan el imán. En la expedición que hice el 23 de junio 1802 al Chimborazo,[61] hemos probado que con paciencia se puede aguantar una mayor rarefacción del aire. Llegamos 500 toesas más arriba que La Condamine (en el Corazón), llevamos instrumentos al Chimborazo hasta 3.031 toesas, viendo descender el mercurio en el barómetro 13 pulgadas 11,2 líneas; el termómetro estaba a 1° 3 por debajo de cero. Nos sangraban los labios. Nuestros indios nos abandonaron como de costumbre. El ciudadano Bonpland y M. de Montúfar, hijo del marqués de Selvalegre, de Quito, fueron los únicos que resistieron. Todos sentimos un malestar, una debilidad, ganas de vomitar que seguramente provienen de la falta de oxígeno de estas regiones y de la rarefacción del aire. No encontré más que 0,20 de oxígeno a esta inmensa altura. Una grieta tremenda nos impidió llegar a la cima del Chimborazo, para la cual nos faltaban 236 toesas solamente. Usted sabe que todavía hay una gran inseguridad respecto a la altura de este coloso, que La Condamine midió solo de muy lejos, dándole aproximadamente 3.220 toesas, mientras que don Jorge Juan la anotó en 3.380 toesas, sin que la diferencia provenga de la diferente altura que adoptan esos astrónomos respecto a la señal de Carabura. He medido en la planicie de Tapia una base de 1.702 metros (disculpe si hablo bien sea de toesas, bien sea de metros, de acuerdo a la naturaleza de mis instrumentos. Usted comprende que al publicar esto, todo se reducirá a metros y al termómetro centígrado). Dos operaciones geodésicas me dieron para el Chimborazo 3.267 toesas sobre el nivel del mar; pero hay que rectificar los cálculos por la distancia del sextante al horizonte artificial y por otras circunstancias. El volcán de Tunguragua ha disminuido mucho desde la época de La Condamine; en lugar de 2.620 toesas, yo no le hallo más de 2.531 toesas y me atrevo a pensar que esta diferencia no proviene de un error de operación porque en mis mediciones de Cayambé, de Antisana, del Cotopaxi, del Iliniza, generalmente no difieren sino en 10 o 15 toesas de los resultados de La Condamine y Bouguer. También todos los habitantes de estos desdichados parajes aseguran que el Tunguragua ha descendido a ojos vista. Por el contrario, encuentro el Cotopaxi, que ha tenido tan inmensas explosiones, de la misma altura que en 1774, o quizás algo más alto, lo que seguramente provendrá de un error de mi parte. Pero también la cima

---

61   *Vistas de las Cordilleras*, lám. XVI y XXV, págs. 102-107, 200-202.

de piedra del Cotopaxi indica que es una chimenea que resiste y conserva su aspecto. Las operaciones que hemos hecho desde enero a julio en los Andes de Quito, han permitido comunicar a los habitantes la triste noticia de que el cráter del Pichincha, que La Condamine vio cubierto de nieve, se ha encendido de nuevo, y que el Chimborazo, que se creía tan tranquilo e inocente, ha sido un volcán y seguramente volverá un día a serlo. Hemos encontrado rocas quemadas y piedra pómez a 3.031 toesas de altura. Gran desgracia si el fuego volcánico (porque puede decirse que toda la alta meseta de Quito es un solo volcán con múltiples cimas), se abre paso a través del Chimborazo. Se ha publicado a menudo que esta montaña es de granito, pero no se encuentra ni un átomo; es un *pórfido*, en columnas por aquí y allá, incrustado en feldespato vítreo, con cornalina y olivino. Esta capa de *pórfido* tiene 1.900 toesas de espesor. Podría hablarle a este respecto de un *pórfido* polarizante que hemos descubierto en Voisaco, cerca de Porto, *pórfido* que, análogo a la serpentina que he descrito en el *Journal de Physique*, tiene polos sin atracción. Podría citarle otros hechos concernientes a la gran ley del paralelismo de las capas y de su enorme espesor cerca del ecuador, pero es demasiado para una carta que posiblemente se pierda, de modo que otra vez será.

Le agrego solo que además de los dientes de elefante que hemos enviado al ciudadano Cuvier, provenientes de la planicie de Santa Fe, a 1.350 toesas de altura, conservamos otros más bellos, unos de elefantes carnívoros, otros de una especie algo diferente de las del África, provenientes del valle de Timaná, de la ciudad de Ibarra y del Chile. He aquí comprobada la existencia de ese monstruo carnívoro desde el Ohio, a SO" de latitud boreal, a 35° austral. He pasado un tiempo agradable en Quito. El presidente de la audiencia, el barón de Carondelet, nos ha colmado de amabilidades·, desde hace tres años no he podido quejarme un solo día de los agentes del gobierno español que por todas partes me han tratado con una delicadeza y distinción que me obligan a un reconocimiento perpetuo.

¡Cómo han cambiado los tiempos y las costumbres! Me he ocupado mucho de las pirámides y sus cimientos (que no creo modificados, al menos en sus piedras miliares). Un generoso panicular, amigo de las ciencias y de los hombres que las ilustraron, tales como La Condamine, Godin y Bouguer, el marqués de Selvalegre en Quito, piensa reconstruirlas; pero esto me aleja de mi tema.

Después de haber pasado el Assuay y Cuenca[62] (donde nos han ofrecido fiestas de toros), hemos tomado la ruta de Laja para completar nuestros trabajos sobre el *Chinchona*. De ahí pasamos un mes en la provincia de Jaén en Bracamoros y en los Pongos del Amazonas, cuyas orillas están adamadas de las *Andiva* y *Bouganvillea* de Jussieu. Me ha parecido interesante anotar la longitud de Tomependa y Chunchungata, donde comienza el mapa de La Condamine, y unir esos puntos a la cota. La Condamine no ha podido determinar sino la longitud de la boca del Napa; el guarda-tiempo no existía; de manera que las longitudes de estos parajes merecen muchas rectificaciones. Mi cronómetro de Louis Berthoud se porta maravillosamente, como lo compruebo orientándolo de vez en cuando hacia el primer satélite, y comparando punto por punto mis diferencias de meridiano a las que ha hallado la expedición de J. Fidalgo, quien por orden del Rey, ha hecho operaciones trigonométricas desde Cumaná a Cartagena.

Desde el Amazonas, hemos pasado los Andes por las minas de Hualgayoc[63] (que dan un millón de piastras por año cuando la mina de cobre gris argentífero está a 2.065 toesas). Descendimos por Cajamarca[64] (en el palacio de Atahualpa he dibujado los arcos de las bóvedas peruanas) hasta Trujillo, siguiendo de ahí por los desiertos de la costa del mar del Sur hasta Lima, donde la mitad del año el cielo está cubierto de espesos vapores. Me apresuré a venir a Lima para observar el paso de Mercurio del 9 noviembre 1802...

Nuestra colección de plantas y los dibujos que he hecho respecto a la anatomía de los géneros, según las ideas que el ciudadano Jussieu me había comunicado en las conversaciones mantenidas en la Sociedad de Historia Natural, han aumentado mucho por las riquezas que hemos encontrado en la provincia de Quito, en Laja, en el Amazonas y en la Cordillera del Perú. Hemos encontrado muchas plantas vistas por Joseph de *Jussieu*, tales como

---

62 Santa Ana de Cuenca, capital de provincia del Ecuador, a 365 Km. SSO de Quito.
63 Hualgayoc, a 75 Km. al NO de Cajamarca. El mineral de Micuipampa es el más rico de la provincia.
64 Cajamarca, (Perú septentrional) a 150 Km. NEO; Trujillo, antigua capital de Atahualpa.

la *Lloque affinis, Quillapa* y otras. Tenemos una nueva especie de *Jussieua* encantadora, las *Colletia*, numerosas pasifloras y el *loranthus* en árbol de 60 pies de altura. Estamos sobre todo riquísimos en palmeras y gramíneas, sobre las cuales el ciudadano Bonpland ha realizado un trabajo muy extenso. Contamos hoy día con 3.734 descripciones en latín, muy completas, y cerca de un tercio de las plantas en los herbarios que, por falta de tiempo, no hemos podido dar. No hay vegetal del cual no podamos indicar la roca donde habita y la altura en toesas que alcanza; de manera que la geografía de las plantas encontrará en mis manuscritos materiales muy exactos. Para hacerlo aún mejor, el ciudadano Bonpland y yo hemos descrito a menudo las plantas por separado. Pero más de dos tercios de las descripciones corresponden únicamente a la asiduidad del ciudadano Bonpland, del cual no puedo menos que admirar el celo y dedicación para el progreso de las ciencias. Los Jussieu, los Desfontaines, los Lamarck han formado un discípulo que irá muy lejos. Hemos comparado nuestros herbarios con los de M. Mutis, hemos consultado muchos libros en la inmensa biblioteca de ese gran hombre. Estamos persuadidos que tenemos nuevos géneros y nuevas especies; pero hace falta bastante tiempo y trabajo para decidir qué es lo verdaderamente nuevo.

También llevamos una sustancia silicosa análoga al *tabascher* de las Indias Orientales, que M. Masié ha analizado. Se encuentra en los nudos de una gramínea gigantesca que se confunde con el bambú, pero cuya flor difiere de la *bambusa* de Schreiber. No sé si el ciudadano Fourcroy ha recibido la leche de la *vaca vegetal* (árbol así llamado por los indios); es una leche que, tratada con ácido nítrico, me ha dado un caucho de olor balsámico, pero que, lejos de ser cáustico y dañino como todas las leches vegetales, es nutritivo y de agradable sabor. Lo hemos descubierto en el camino al Orinoco, en una plantación donde los negros la beben mucho. También he enviado al ciudadano Fourcroy, por vía de la Guadalupe, lo mismo que a Sir Joseph Banks, por La Trinidad, nuestro *Dapiche* o el caucho blanco oxigenado que rezuma, por sus raíces, un árbol en los bosques de Pimichín, en el más lejano rincón del mundo, hacia las fuentes del Río Negro.

No iré a las filipinas; paso por Acapulco, México, La Habana y la Europa, y los abrazaré, espero, en septiembre u octubre 1803, en París!

119

Estaré en febrero en México, en junio en La Habana, porque no pienso más que en conservar los manuscritos que poseo y llegar a publicarlos. ¡Cómo deseo estar en París!

Saludos y respetos.

Cartas americanas, pág. 102-103. Carta de Humboldt a Jean Baptiste Delambre desde Lima (25-11-1802).

A G. de Humboldt

Lima, 25 noviembre 1802

Mi querido hermano, por mis cartas anteriores estarás al tanto de mi llegada a Quito. Llegamos atravesando las nieves del Quindío y del Tolima; porque como la Cordillera de los Andes forma tres ramas separadas y en Santa Fe de Bogotá nos encontrábamos sobre la más oriental, nos ha sido preciso pasar la más elevada para acercamos a las costas del mar del Sur. Solo los bueyes sirven para llevar el equipaje en este trayecto.

Los viajeros se hacen llevar generalmente por hombres que se denominan *cargueros*. Tienen una silla atada a la espalda en la cual se sienta el viajero, hacen tres o cuatro horas de camino por día y no ganan más de 14 piastras en cinco o seis semanas. Nosotros preferimos ir a pie; y, dado que el tiempo fue muy bueno, no pasamos más que diecisiete días en esas soledades donde no se encuentra ninguna huella de que hayan sido habitadas jamás; se duerme en cabañas formadas con hojas de Heliconia que uno lleva expresamente consigo. En la ladera occidental de los Andes, hay pantanos donde se mete uno hasta la rodilla. El tiempo había cambiado; los últimos días llovió a cántaros, nuestras botas se nos pudrieron en las piernas y llegamos con los pies desnudos y cubiertos de lastimaduras a Cartago, pero enriquecidos con una bella colección de nuevas plantas, de las que he sacado una gran cantidad de dibujos.

De Cartago fuimos a Popayán por Buga, atravesando el hermoso valle del río Cauca, teniendo siempre a nuestro lado la montaña del Chocó y las minas de platino que ahí se encuentran.

Permanecimos el mes de noviembre del año 1801 en Popayán y fuimos a visitar las montañas basálticas de Julusuito, las bocas del volcán de Puracé, que desprendían con ruido aterrador vapores de agua hidro-sulfurosa,[65] y los granitos porfíricos de Pisché, que forman cinco a siete columnas esquinadas, parecidas a las que recuerdo haber visto en los Montes Euganeos de Italia, descritas por Strange.

---

65 El volcán de Puracé (2.646 m de altura) a 25 Km. al este de Popayán (*Vistas de las Cordilleras*, lám. XXI, pág. 220).

Nos quedaba por vencer la mayor dificultad: ir de Popayán a Quito. Había que atravesar los páramos de Pasto, en la estación de las lluvias, que ya comenzaban. En los Andes se llama Páramo todo lugar que queda a la altura de 1.700 a 2.000 toesas, donde termina la vegetación y se siente un frío que cala los huesos. Para evitar los calores del valle de Patía, donde se pesca en una sola noche fiebres que duran tres o cuatro meses y que son conocidas con el nombre de *calenturas de Patía*, pasamos la cima de la cordillera por espantosos precipicios de Popayán a Almaguer,[66] y de ahí a Pasto,[67] situada al pie de un terrible volcán.

La entrada y la salida de esta pequeña ciudad, donde pasamos las fiestas de Navidad, y donde los habitantes nos recibieron con la más conmovedora hospitalidad, es de lo más espantoso que hay en el mundo. Se trata de espesos bosques situados entre los pantanos; las mulas quedan medio cuerpo enterradas; y se atraviesan gargantas tan profundas, tan estrechas, que se creería estar en las galerías de una mina. Los caminos están también pavimentados de huesos de mulas que han muerto de frío y de fatiga. Toda la provincia de Pasto, comprendidos los alrededores de Guachucal y de Túquerres,[68] es una planicie helada, casi por encima del nivel en el que puede existir la vegetación y rodeada de volcanes y minas de azufre que exhalan continuamente torbellinos de humo. Los desdichados habitantes de estos desiertos no tienen más alimento que las patatas y si les llegan a faltar, como pasó el último año, van a las montañas[69] a comer el tronco de un pequeño árbol llamado achupalla (*Fourretia pitcairnia*), pero dado que ese mismo árbol es el alimento de los osos de los Andes, frecuentemente estos les disputan el único alimento que les ofrecen estos elevados parajes. Al norte del volcán de Pasto he descubierto en el pequeño pueblo indígena de Voidaro, a 1.370 toesas sobre el nivel del mar, un pórfido rojo, de base arcillosa, incrustado de feldespato vítreo y una cornalina que tiene todas

---

66 Se trata del nudo de Almager, de donde parten hacia el norte las tres cordilleras de los Andes de Colombia.
67 Pasto, capital de distrito, a 100 kilómetros SO de Popayán. El volcán de Pasto, El Galera, se eleva a 4.264 m de altura.
68 Túquerres, a 130 Km. SO de Popayán. Guachucal, burgo del municipio de Obondo. 10 Km. más lejos.
69 *Vistas de las Cordilleras*, lám. XXX, pág. 221.

las propiedades de la serpentina del Fichtel-Gebirge. Ese pórfido tiene tres polos muy marcados y no muestra ninguna fuerza de atracción. Después de habernos empapado día y noche durante dos meses y de estar a punto de ahogarnos cerca de la ciudad de Ibarra,[70] por una repentina creciente acompañada de temblores de tierra, llegamos el 6 de enero 1802 a Quito, donde el marqués de Selvalegre había tenido la bondad de prepararnos una hermosa casa, que, después de tantas fatigas, nos ofrecía todas las comodidades que se pueden desear en París o en Londres.

La ciudad de Quito es bella, pero el cielo es triste y nublado; las montañas vecinas ofrecen poco verdor y el frío es considerable. El gran temblor de tierra del 4 de febrero 1797, que estremeció toda la provincia y mató de un solo golpe 35-40.000 habitantes, también ha sido a este respecto funesto para sus moradores. Ha cambiado a tal punto la temperatura ambiente, que el termómetro permanece generalmente a 4-10° de Réaumur, y pocas veces sube a 16 o 17, mientras que Bouguer lo veía constantemente a 15 o 16°. Después de esa catástrofe hay continuos temblores de tierra; ¡y qué sacudidas! Es probable que toda la parte alta de la provincia no sea más que un solo volcán. Lo que llaman las montañas del Cotopaxi y de Pichincha, no son más que pequeñas cimas, cuyos cráteres forman diferentes canales que convergen en el mismo hueco. Desgraciadamente, el temblor de tierra 1797 no ha hecho más que ratificar esa hipótesis; porque la tierra se abrió en ese momento por todas partes y vomitó azufre, agua, etc. Pese a los horrores y los peligros con que los ha rodeado la naturaleza, los habitantes de Quito son alegres, vivos y amables. Su ciudad solo respira voluptuosidad y lujo y en ningún lado como allí reina un gusto más decidido y general de divertirse. Así es como el hombre se acostumbra a dormir apaciblemente al borde de un precipicio.

Hemos tenido una estada de casi ocho meses en la provincia de Quito, desde el comienzo de enero hasta el mes de agosto. Hemos empleado ese tiempo en visitar cada uno de los volcanes y hemos examinado una tras otra las cimas del Pichincha,[71] Cotopaxi, Antisana e Iliniza, pasando quince días a tres semanas cerca de cada una de ellas, y volviendo en los intervalos hasta

---

70 San Miguel de Ibarra, alrededor de 100 Km. NE de Quito.
71 *Vistas de las Cordilleras*, lám. 10, págs. 41-47, LXI, pág. 291.

la ciudad de Quito, de donde partimos el 9 de junio 1802 para llegar a los alrededores del Chimborazo que está situado en la parte meridional de la Provincia.

Volví dos veces, el 26 y 28 mayo 1802, al borde del cráter del Pichincha[72] montaña que domina la ciudad de Quito. Hasta ahora, que se sepa, solo La Condamine la había visto y el propio La Condamine llegó solo después de cinco o seis días de búsquedas inútiles y sin instrumentos, y no pudo permanecer sino doce a quince minutos a causa del frío excesivo que hacía. Yo he podido llevar mis instrumentos, he tomado las mediciones que era interesante conocer, y he recogido aire para analizar. Mi primer viaje lo hice solo con un indio. Como La Condamine se había aproximado al cráter por su parte baja, cubierta de nieve, mi primera tentativa la hice siguiendo sus huellas. Pero estuvimos a punto de morir. El indio se enterró hasta el pecho en una grieta, y vimos con horror que habíamos caminado sobre un puente de hielo; porque a pocos pasos de nosotros había agujeros por donde se veía la luz del día. Nos encontramos, sin saberlo, en las bóvedas que sostienen el propio cráter. Espantado, pero no descorazonado, cambié de plan. Del círculo del cráter salen, enlazándose por así decirlo sobre el abismo, tres picos, tres rocas que no están cubiertas de nieve, porque los vapores que exhala la boca del volcán la funden continuamente. Trepé por una de esas rocas y encontré en la cima una piedra que, sostenida por un solo lado y excavada por debajo, avanzaba a manera de balcón sobre el precipicio. Ahí me instalé para hacer mis experiencias. Pero esta piedra no tiene más que 12 pies de largo por 6 de ancho y se mueve fuertemente por sacudones frecuentes de temblores de tierra, de los que contamos dieciocho en menos de treinta minutos. Para examinar mejor el fondo del cráter, nos acostamos cara a la roca y creo que no hay imagen para describir algo más triste, más lúgubre y más aterrador que lo que vimos. La boca del volcán forma un agujero circular de más de una legua de circunferencia, cuyos bordes, tallados a pico, están cubiertos de nieve en lo alto; el interior es de un negro intenso, pero el hueco es tan inmenso, que se distinguen las cimas de muchas montañas ubicadas ahí dentro. Sus cimas parecían estar a 300 toesas por debajo de nosotros. Imagina dónde estarían sus bases. No dudo que el fondo del cráter quede

---

72 Ibíd., lám. LXI, pág. 291.

al nivel de la ciudad de Quito. La Condamine encontró ese cráter apagado y cubierto de nieve; pero debimos llevarles a los habitantes de Quito la triste noticia de que el volcán que les queda al lado está en erupción actualmente. Nos convencieron signos demasiado evidentes como para dudar de ellos. Los vapores de azufre nos sofocaron con solo acercar la boca; veíamos pasearse aquí y allá llamas azuladas; y cada dos o tres minutos sentimos fuertes sacudidas de temblores de tierra que agitaban los bordes del cráter, que no eran visibles a 100 toesas de ahí. Yo supongo que la gran catástrofe de 1797 encendió también los fuegos del Pichincha. Después de haber visitado solo esa montaña, volví dos días después, acompañado de mi amigo Bonpland y de Charles de Montúfar, hijo del marqués de Selvalegre. Estábamos aún más provistos de instrumentos que la primera vez y medimos el diámetro del cráter y la altura de la montaña. Hallamos uno en 754 toesas, y la otra en 2.477. En el intervalo de dos días que transcurrieron entre nuestras dos visitas al Pichincha, tuvimos un temblor de tierra muy fuerte en Quito. Los indios lo atribuyeron a los polvos que yo había echado al volcán.

En nuestro viaje al volcán de Antisana el tiempo nos favoreció tanto, que subimos hasta la altura de 2.773 toesas. El barómetro bajó en esta elevada región hasta 14 pulgadas 27 líneas y la poca densidad del aire nos hizo echar sangre por la boca, las encías y hasta por los ojos. Sentimos una debilidad extrema y uno de los que nos acompañaba en la expedición se desmayó. También hasta ahora se había creído imposible subir más alto que hasta la cima llamada Corazón[73] hasta donde llegó La Condamine y que tiene 2.470 toesas. El análisis del aire en el punto más alto de nuestra excursión nos dio 0,008 de ácido carbónico sobre 0,218 de gas oxígeno.

Visitamos igualmente el volcán de Cotopaxi, pero nos fue imposible llegar a la boca del cráter. No es cierto que esta montaña se haya reducido en el momento del temblor de tierra de 1797.[74]

El 9 de junio 1802, partimos de Quito para llegar a la parte meridional de la provincia, donde queríamos examinar y medir el Chimborazo y el Tunguragua y trazar el mapa de todos los países afectados por la gran catástrofe de 1797. Pudimos acercarnos hasta aproximadamente 250 toesas cerca de

---

73 *Vistas de las Cordilleras*, lám. LI, pág. 273

74 *Vistas de las Cordilleras*, lám. LI, pág. 273. Ibíd., lám. XVI, XXV, págs. 102-107; 200-202

la cima del inmenso coloso del Chimborazo. Un rodadero de rocas volcánicas, desprovistas de nieves, nos facilitó la subida. Subimos hasta la altura de 3.031 toesas, y nos sentimos perturbados del mismo modo que en la cima del Antisana. Dos o tres días después de nuestro retorno a la planicie, seguimos aquejados de un malestar que solo pudimos atribuir al efecto del aire en esas elevadas regiones, cuyo análisis nos dio 20 c, de oxígeno. Los indios que nos acompañaban nos dejaron antes de llegar a esa altura, diciendo que queríamos matarlos. Nos quedamos solos Bonpland, Charles (de) Montúfar, yo y uno de mis criados, que llevaba una parte de mis instrumentos. Hubiéramos seguido a pesar de todo nuestro camino hasta la cima, si una grieta demasiado profunda para franquearla no nos lo hubiera impedido; hicimos bien en descender. Caía tanta nieve a nuestro alrededor que casi no podíamos reconocernos. Poco preparados contra el frío penetrante de esas elevadas regiones, sufrimos horriblemente, y yo, en particular, tuve la desgracia de tener un pie ulcerado por una caída de pocos días antes; lo que me incomodó horriblemente en un camino donde, cada vez que golpeaba una piedra aguda, debía retroceder unos pasos. La Condamine halló la altura del Chimborazo cerca de las 3.217 toesas. La medición trigonométrica que yo hice en dos oportunidades distintas, me ha dado 3.267 y concedo cierta confianza a mis operaciones. Todo ese enorme coloso (lo mismo que las demás montañas de los Andes), no es granito sino, del pie a la cima, de *pórfido*, y el *pórfido* tiene 1.900 toesas de espesor. El poco rato que pasamos a la enorme altura que alcanzamos fue de los más tristes y lúgubres. Estábamos envueltos en una bruma que solo nos dejaba entrever de cuando en cuando los espantables abismos que nos rodeaban. Ningún ser vivo, ni siquiera el cóndor que, en la Antisana, planeaba continuamente sobre nuestras cabezas, vivificaba los aires. Pequeños musgos eran los únicos seres organizados que nos recordaban que aún estábamos en una tierra habitada.

Es verosímil que el Chimborazo, como el Pichincha y el Antisana, sea de naturaleza volcánica. La huella por la cual subimos está compuesta de una roca calcinada y escoriácea, mezclada de piedra pómez; se asemeja a todas las corrientes de lava de este país y continúa más allá del punto donde fue preciso terminar las investigaciones, hacia la cima de la montaña. Es posible, casi probable, que esta cima sea el cráter de un volcán apagado. Sin embargo, la sola idea de esta posibilidad, hace estremecer, con razón. Porque si el volcán se encendiera de nuevo, el coloso destruiría toda la provincia.

La montaña de Tunguragua se achicó en el momento del temblor de tierra de 1797. Bouger le da 2.620 toesas; yo no le he encontrado sino 2.431. Ha perdido, pues, cerca de 100 toesas de su altura. Los habitantes de los lugares vecinos también aseguran haber visto desmoronarse la cima ante sus ojos.

En nuestra estada en Río Bamba, donde pasamos algunas semanas en casa del hermano de Charles de Montúfar, que es corregidor, la casualidad nos hizo hacer un descubrimiento muy curioso. Se ignora absolutamente el estado de la provincia de Quito antes de la conquista del Inca Tupac Yupanqui.[75] Pero el Rey de los Indios, Leandro Zapla, que vive en Lican y que, para ser un indio, tiene un espíritu singularmente cultivado, conserva manuscritos redactados por uno de sus antepasados en el siglo XVI, que contienen la historia de esa época. Estos manuscritos están redactados en lengua purugnay. En otros tiempos ésta era la lengua general de Quito; pero con el correr de los tiempos ha cedido a la lengua del Inca o quechua, y hoy día se ha perdido. Felizmente otro de los antepasados de Zapla se entretuvo en traducir esa lengua al español. Conseguimos así datos preciosos respecto a la época memorable de la erupción de la montaña llamada Nevado del Altar, que debe haber sido la montaña más alta del universo, más alta que el Chimborazo, y que los indios llamaban Capacurcu, jefe de las montañas. Ouaina Abomatha, el último cochocando (Rey), independiente del país, reinaba entonces en Lican. Los sacerdotes le advirtieron que esa catástrofe era el siniestro presagio de su fin. «La faz del universo —le dijeron— cambia, otros dioses expulsan a los nuestros. No resistamos la orden del Destino.» En efecto los peruanos introdujeron en el país el culto al Sol. La erupción del volcán duró siete años, y el manuscrito de Zapla pretende que la lluvia de cenizas en Lican era tan abundante que durante siete años se hizo la noche perpetua. Cuando se mira la cantidad de materias volcánicas que se encuentran en la llanura de Tapia, alrededor de la enorme montaña que se desmoronó, y se piensa que el Cotopaxi ha envuelto a menudo a Quito

---

75 La conquista de Quito por los Incas se hizo en 1470.

en tinieblas que duran de quince a dieciocho horas, se puede creer que la exageración no es tan desproporcionada.

Cartas americanas, págs. 94-97. Carta de Humboldt a su hermano Guillermo desde Lima (25-11-1802).

Por los caminos Incas

Una circunstancia imprevista y de gran interés aumenta la severa impresión que producen las soledades salvajes de las cordilleras. Precisamente en estas regiones es donde subsisten aún los admirables restos de la gran vía construida por los incas, de esa obra gigantesca que establecía una comunicación entre todas las provincias del imperio, en una extensión de más de 400 leguas. En diversos parajes, y casi siempre a intervalos iguales, se ven habitaciones talladas regularmente en piedra, especie de caravanserrallos llamados Tambos o Inca-Pilca, de la palabra Pircca, que probablemente significa muralla. Algunas están rodeadas de atrinchera-mientos; otras, provistas de cañerías que conducían agua caliente, hállanse dispuestas como baños; los mayores de estos Tambos estaban reservados a la familia del Inca. Ya había tomado yo al pie del volcán de Cotopaxi, cerca del Callo, la medida exacta y el diseño de semejantes construcciones, muy bien conservadas, que Pedro de Cieza llamaba en el siglo XVI Aposentos de mulatero. En el paso de los Andes llamado el Páramo de Asuay, camino muy frecuentado que lleva de Alausi a Loja, y atraviesa la ladera de Cadlud a 4.732 metros sobre el nivel del mar, casi a la altura del Mont-Blanc, nuestros mulos cargados con exceso, no habían podido avanzar sino con gran fatiga por el suelo pantanoso de la meseta de Pullal, mientras que cerca de nosotros, seguía la vista sin interrupción y en una extensión mayor de una milla alemana, los restos del grandioso camino de los incas, de 7 metros de anchura aproximadamente, y que descansa sobre construcciones que penetran a gran profundidad en el suelo. Constituyen su piso trozos de *pórfido* trápico de color pardo negruzco. Ninguna de cuantas vías romanas he visto en Italia, en el mediodía de Francia y en España, era más imponente que estas obras de los antiguos peruanos; y lo que es más, me aseguré por medidas barométricas, de que se encuentran a la altura de 3.391 metros, unos 320 por encima del pico de Tenerife. A esta misma están situadas también en el paso del Asuay las ruinas conocidas con el nombre de Paredones del Inca, que se supone pertenecieron al palacio del Inca Tupac Yupanqui. Partiendo de este punto, el camino de que acabo de hablar se dirige hacia el Sur a Cuenca y va a parar en la fortaleza del Cañar, la cual ocupa poco sitio, pero se conserva muy bien, y data probablemente de Tupac Yupanqui o de su hijo el belicoso Huayna Capac.

Hemos encontrado restos aún más magníficos de las antiguas vías peruanas, en la que conduce de Loja al río de las Amazonas, cerca de los Baños de los Incas, sobre el Páramo de Chulucanas, poco distante de Guaneabamba, y alrededor de Ingatambo, junto a Pomahuaca. Los restos de este último sitio están tan poco elevados que midiendo la diferencia de nivel entre esta vía y la que atraviesa el Asuay, encontré que llegaba casi a 2.955 metros, es decir, que excedía en 1.135 al paso del Mont-Cenis, encima del lago de Como. Ahora bien, la distancia de estos dos puntos, astronómicamente calculada, es de 76 leguas. De estos dos sistemas de caminos, cubiertos de baldosas, y aún a veces de guijarros cimentados, que forman un verdadero macadam, atravesaban unos la gran llanura estéril que se extiende entre las orillas del mar y la cadena de los Andes, y surcaban otros la espalda misma de las Cordilleras. Piedras miliarias, colocadas a intervalos iguales, indicaban frecuentemente las distancias, y había puentes de Hamaca o de Maroma para salvar los arroyos y precipicios. También existían acueductos para surtir de aguas a las hospederías o Tambos y a las fortalezas. Ambos sistemas de caminos iban a parar a la capital del gran imperio, la cual tenía a la vez su punto céntrico en Cuzco, situada a los 13° 31' de latitud meridional y a 3.467 metros sobre el mar, según el mapa de Bolivia diseñado por Pentland. Como los peruanos no hacían uso de carros de ninguna especie, sus caminos servían solo para paso de tropas, mandaderos y rebaños de llamas cargadas de ligeros fardos. También cuando la montaña es escarpada, se interrumpe el camino por largas series de gradas, sobre las cuales se han preparado asientos para descanso. Estas gradas opusieron serias dificultades a la caballería de Francisco Pizarro y de Diego Almagro, que no obstante supieron sacar buen partido para sus largas expediciones de los caminos militares de los incas. La dificultad fue tanto mayor, cuanto que los españoles al principio de la conquista, servíanse únicamente de caballos y no pensaban aún en esa raza circunspecta de los mulos que en las sierras parecen calcular cada uno de sus pasos. Más tarde se introdujo su uso en la caballería.

Sarmiento alcanzó intactas aún estas vías de los incas; en una relación que ha permanecido mucho tiempo ignorada en la Biblioteca del Escorial, dice: «¿Cómo un pueblo que no conoció el hierro, pudo abrir, entre peñas y a tales alturas, caminos tan grandes y tan soberbios que en dos opuestas direcciones, van de Cuzco a Quito y a la costa de Chile?» Y más adelante añade: «El emperador Carlos, con todo su poder, no sabría hacer una parte de lo que la autoridad prudentemente ordenada a los incas obtuvo de pueblos obedientes». Hernando Pizarro, el más culto de los tres hermanos, el que expió sus crímenes con veinte años de cautiverio en Medina del Campo, y murió centenario en olor de santidad, dijo, al ver los caminos de los incas: «En toda la cristiandad, no los hay en parte alguna tan magníficos como los que admiramos aquí». Las dos residencias de los incas, Cuzco y Quito, distan entre sí 375 leguas, si se las supone colocadas sobre una misma recta que del Sur-sudeste se dirigiera al Nor-nordeste. Garcilaso de la Vega y otros conquistadores evalúan esta distancia, haciéndose cargo de los numerosos rodeos del camino, en 500 leguas. Según testimonio digno de fe, del licenciado Polo de Ondegardo, este alejamiento no impidió que Huayna Capac trajese materiales de Cuzco para construir la morada de los incas en Quito, conquistada por su padre. El recuerdo de este hecho se ha conservado hasta nuestros días entre los indígenas de este último punto.

En aquellos sitios en que la configuración del suelo opone al hombre obstáculos poderosos, crece la fuerza con el valor en las razas emprendedoras. Bajo el despotismo centralizador de los incas, la seguridad y la rapidez de las comunicaciones eran, sobre todo para los movimientos de tropas, una necesidad gubernamental; de aquí la admirable construcción de estos caminos, y el establecimiento de un sistema postal bastante adelantado. En pueblos colocados a muy diversos grados de la civilización, se ve la actividad nacional moverse con preferencia en tal o cual dirección particular, sin que el desarrollo maravilloso de estas actividades aisladas pueda hacer prejuzgar nada del estado general de la cultura intelectual. Los egipcios, los griegos, los etruscos y los romanos, de la misma manera que los galos, los japoneses y los indos, nos ofrecen ejemplos patentes de tales contrastes. Difícil es señalar el tiempo que se necesitó para la construcción de los caminos peruanos. Puede, sí, decirse, que los grandes trabajos ejecutados en la parte septentrional del imperio, sobre las altas tierras de Quito, debieron hallarse acabados en menos de treinta o treinta y cinco años, durante el breve período que corrió desde la derrota del soberano de Quitu y la muerte del inca Huayna Capac; pero respecto de los caminos meridionales, que son, hablando en propiedad, los peruanos, su edad se pierde en oscuridad profunda.

Se supone ocurrida la aparición misteriosa de Manco Capac 400 años antes de la llegada de Francisco Pizarro, quien desembarcó en 1532 en la isla Puna, hacia la mitad del siglo XII por lo tanto, 200 años aproximadamente antes de la época en que fue fundada la ciudad de México, con el nombre de Tenochtitlán. En vez de 400 años, algunos escritores españoles cuentan 500 y aún 550; pero la historia del Perú no abraza sino trece príncipes reinantes de la dinastía de los incas, que según la atinada observación de Prescott, no habrían podido llenar este período de 400 años, mucho menos de 500 y de 550. Quetzalcóatl, Botschica y Manco Capac, son las tres figuras míticas a las cuales se enlazan los orígenes de la civilización entre los aztecas, entre los muyscas, llamados con más propiedad chibchas, y entre los peruanos. Quetzalcóatl, gran sacerdote de Tula, barbudo y vestido de negro, a quien más tarde se halla haciendo penitencia sobre una montaña, cerca de Tlaxapuchicalco, llegó de las costas de Panuco, o sea de las orientales de Anahuac, a la meseta de México. Botschica, o más bien el divino mensajero Nemte-requeteba, el Buda de los Muyscas, a quien se representa con barba y largo ropaje, dejó, para marchar a las altas llanuras de Bogotá, las sabanas situadas al Este de la cadena de los Andes. Ya antes de Manco Capac, los pintorescos bordes del lago Titicaca no carecían de alguna civilización.

La fortaleza de Cuzco, sobre la colina de Sacsahuaman, ofrecía el modelo de las antiguas construcciones de Tiahuanaco; así también los aztecas imitaron la arquitectura piramidal de los toltecas, que los toltecas habían tomado a su vez de los olmecas o hulmecas. Y de este modo, subiendo poco a poco a los orígenes de las razas que han poblado a México, se llega, sin dejar el terreno de la historia, hasta el siglo VI de nuestra era. Según Sigüenza, la pirámide de gradas alzada por los toltecas en Cholula, era la reproducción de las de Teotihuacán, construida por los hulmecas. Así es posible siempre, atravesando las diversas capas de civilización, llegar a una anterior; y en el nuevo o el antiguo mundo, y en todas las razas en que la conciencia de sí misma sucesivamente se ha despertado, se reconoce que siempre el brillante dominio de la fábula precede al período de los conocimientos históricos.

A pesar de la admiración que los conquistadores mostraron por las vías y acueductos de los peruanos, no solo no se dieron el trabajo de conservarlos, sino que los destruyeron deliberadamente a fin de utilizar en nuevos monumentos sus piedras talladas artísticamente. Empezaron por las orillas del mar, en donde la falta de agua produjo prontamente la esterilidad; el estrago fue más tardío y más lento en el dorso de los Andes y en los profundos valles que surcan esta cadena. Para ir desde las rocas sieníticas de Zaulaca en la falda del páramo helado de Yamoca, al valle, rico en restos fósiles, de San Felipe, tuvimos que atravesar a nado veintisiete veces, a causa de sus muchas vueltas, el río de Guancabamba, que se vierte en el de las Amazonas; y mientras tanto, veíamos correr en línea recta y a poca distancia, por los abruptos flancos «de las rocas, la calzada de los incas, ceñida de magníficos sillares, y distinguíamos las ruinas de las hospederías o Tambos. El Guancabamba, cuya anchura no excede de 40 a 48 metros, era tan rápido, que nuestros mulos, cargados grandemente, estuvieron expuestos muchas veces a ser arrebatados por la corriente. Llevaban nuestros manuscritos, plantas secas y cuanto habíamos podido recoger hacía un año. Por esto, después de tocada la orilla opuesta, estuvimos en una penosa ansiedad hasta ver fuera de peligro todo aquel cortejo de dieciocho o veinte bestias.

Cuadros de la naturaleza, tomo II, págs. 256-261.

El último Inca

Entre las tristes ruinas que recuerdan el pasado esplendor de los domina-
dores de Cajamarca habitan aún algunos descendientes del último monarca,
y forman hoy la familia Astorpilco, cuyo jefe lleva el título de cacique o de
Curaca, en lengua quichua. Vive esta familia en mucha pobreza; pero
contenta con poco, no se queja sino que muestra una resignación conmovedora a la desgracia que no ha merecido. Nadie duda en Cajamarca su
origen de Atahualpa por las mujeres; sin embargo indicios de barba revelan
quizás alguna mezcla de sangre española. De los descendientes de Huayna
Capac, algo libre pensador para hijo del Sol, los que le sucedieron antes
de la llegada de los españoles no dejaron posteridad masculina alguna
reconocida. Huáscar, a quien tuvo prisionero Atahualpa en los llanos de
Quipaypan, fue muerto secretamente de su orden. Tampoco se conocieron
hijos varones a los otros dos hermanos de Atahualpa, ni al joven e insignificante Toparca, a quien puso Pizarro sobre el trono de los incas en el otoño
de 1533, ni Manco Capac, coronado también por los asesinos de su padre,
pero que más emprendedor, se alzó contra ellos. Atahualpa dejó solo un
hijo con el nombre de don Francisco, que murió muy joven, y una hija, doña
Angelina, la cual, aun viviendo en encarnizada guerra con Francisco Pizarro,
dio a luz un niño, hijo del asesino y nieto de la víctima, que no obstante fue
objeto de una viva afección por parte de su padre. Además de la familia de
Astorpilco, a la cual traté en Cajamarca, se tenía también en la época de
mi viaje por enlazados con la dinastía de los incas a los Carguaraicos y a los
Titu-Buscamayta, pero la familia Buscamayta no existe ya hoy.

El hijo del cacique Astorpilco, agradable muchacho de diecisiete años,
que me guiaba a través de las ruinas de su patria y del palacio de sus antepasados, había poblado su imaginación de seductoras imágenes, en medio
de su extrema pobreza. Figurábase una grandiosa magnificencia y tesoros
amontonados bajo los escombros que íbamos pisando; contaba cómo uno
de sus antepasados había vendado a su mujer los ojos en otro tiempo, y
después de hacerle dar mil rodeos por caminos labrados en la peña, la había
conducido a los jardines subterráneos del Inca. Vio allí árboles cubiertos de
follaje y frutas, y pájaros posados sobre sus ramas, todo ello hecho de oro
purísimo y delicadamente trabajado; allí vio también una de las andas de oro

de Atahualpa, objeto que tantas veces se buscó en vano. El marido prohibió a su mujer el tocar nada, porque el tiempo anunciado ya de muy atrás, en que había de renacer el imperio, no había llegado aún y cualquiera que se apropiase de alguna de aquellas obras maravillosas, debía morir en la misma noche. Estos dorados sueños y fantasías de aquel joven descansaban en recuerdos y tradiciones de tiempos que pasaron. El lujo de los Jardines o Huertas de oro ha sido muchas veces descrito por testigos oculares, por Cieza de León, Sarmientos, Garcilaso y todos los primeros historiadores de la Conquista. Se hallaban estos jardines situados bajo el templo del Sol de Cuzco, en Cajamarca y en el gracioso valle de Yucay, sitio preferido de la familia reinante. En los jardines de oro que no estaban bajo tierra, crecían plantas vivas al lado de plantas artificiales, entre las últimas, se citan los elevados tallos y las espigas de maíz como lo mejor imitado de la naturaleza.

La enfermiza seguridad con que afirmaba el joven Astorpilco que bajo sus pies y un poco a la derecha del sitio en que yo estaba, sobre el sepulcro del Inca extendía sus ramas un Datura de grandes flores o Guanto artísticamente hecho de hilos y láminas de oro, me producía una triste y honda emoción. Allí como donde quiera son las ilusiones y los ensueños un consuelo felizmente imaginado para endulzar la desnudez y las miserias presentes. «¿Puesto que, tú y tus parientes, creéis tan firmemente en la existencia de tales jardines, no intentasteis alguna vez, preguntaba yo al joven Astorpilco, buscar, desenterrando tesoros que tan próximos tenéis, un remedio a vuestra pobreza?» Fue tan sencilla la contestación del muchacho, y expresaba tan bien la resignación tranquila, que es uno de los caracteres de su raza, que la puse en español en mi Diario. «No nos da tal antojo; dice mi padre que fuese pecado. Si tuviéramos las ramas de oro con todos sus frutos de oro, nos aborrecerían los blancos nuestros vecinos y nos harían mal. Tenemos tierras y buen trigo». No presumo desagradar a muchos de mis lectores recordando aquí las frases y sueños dorados del joven Astorpilco.

Esta creencia, tan esparcida entre los indígenas, de que sería cosa culpable y funesta para la raza toda el apoderarse de las riquezas ocultas que han podido pertenecer a los incas, se enlaza con otra, dominante sobre todo en los siglos XVI y XVII, según la cual el imperio de los incas había de ser algún día restablecido. Toda la nacionalidad oprimida espera siem-

135

pre una emancipación, una vuelta al antiguo estado de cosas. La huida del Inca Manco, hermano de Atahualpa, a los bosques de Vilca-pampa, en la pendiente de las Cordilleras orientales, y la permanencia en tales soledades de Sayri Túpac y del Inca Túpac Amaru, dejaron recuerdos, vivos todavía. Creíase que algunos descendientes de la dinastía destronada se habían establecido entre las orillas del Apurímac y de Beni o acaso más hacia el Este, en la Guyana. El mito del Dorado y de la ciudad de Manoa, vino a confirmar aún más tales sueños, al extenderse sucesivamente en la dirección de Oeste a Este. La fantasía de Raleigh hubo de inflamarse tanto con esta sola garantía, que organizó una expedición encaminada a conquistar la Ciudad de oro imperial (*imperial and golden city*), establecer allí una guarnición de 3 o 4 mil ingleses, e imponer al emperador de la Guyana, que descendía, según él, de Huayna Capac y desplegaba en su corte igual magnificencia que éste, un tributo anual de 300.000 libras esterlinas, mediante lo que quedaría este príncipe repuesto sobre el trono de Cuzco y Cajamarca. Donde quiera que ha penetrado la lengua peruana, la esperanza de la restauración de los incas ha dejado huellas en la memoria de los indígenas que guardan algún recuerdo de su historia nacional.

Permanecimos cinco días en la capital del Inca Atahualpa, que apenas contaba, en la época de mi viaje, 6 o 7 mil habitantes.

El gran número de mulos que exigía el transporte de nuestras colecciones, como la necesidad de elegir cuidadosamente los guías que habían de conducirnos a través de la cadena de los Andes hasta la entrada de los desiertos poco anchos, pero largos y arenosos, del Perú (Desierto de Sechura), retardaron nuestra partida. El paso de las Cordilleras se dirige de Nordeste a Sudeste. Apenas se deja el antiguo lecho de mar, que forma la graciosa meseta de Cajamarca, sorprende, con solo elevarse a unos 3.118 metros, el peregrino aspecto de dos cúpulas de *pórfido* llamadas Aroma y Cunturcaga. Estas rocas, o como se llama en lengua quichua, estas kacca, habitación predilecta del Cóndor, se componen de columnas de 5, 6 o 7 caras, y de 11 a 13 metros de altura, articuladas y encorvadas en parte. La cima del Cerro de Aroma es en extremo pintoresca. Por la disposición de las columnas puestas unas sobre otras y convergentes, muchas veces tiene aspecto de edificio de dos pisos. Edificio recubierto de una masa de roca compacta y redondeada.

136

Estas erupciones de *pórfido* y traquita son, como hice notar antes, uno de los caracteres particulares de las altas cimas de la cadena de las Cordilleras, dándoles una fisonomía muy diversa de la que ofrecen los Alpes suizos, los Pirineos y el Altai sibérico.

Cuadros de la naturaleza, tomo II, págs. 274-278.

Panorama del Pacífico

Llevábamos dieciocho meses recorriendo sin cesar todas las vueltas y rincones de estas montañas, y la impaciencia de alimentar nuestros ojos de nuevo con el libre aspecto del mar, se aumentaba con las decepciones tantas veces sufridas. Cuando desde la cumbre del volcán de Pichincha, se mira por encima de los espesos bosques de la provincia de las Esmeraldas, no permite la distancia a qué en longitud y anchura se está de la playa, distinguir el horizonte del mar. La vista se pierde en el vacío como desde lo alto de un globo; redúcese uno a sospechar vagamente lo que no puede discernir. Más tarde, cuando llegamos, entre Loja y Guancabamba, al Páramo de Guamaní, donde se encuentran las ruinas de muchas construcciones levantadas por los incas, los hombres que conducían nuestros mulos nos aseguraron formalmente que podríamos abarcar con la mirada las tierras bajas, regadas por el Piura y el Lambajeque, y contemplar el Océano; pero una espesa nube, suspendida por encima de la llanura, nos ocultó la remota playa. No podíamos percibir sino peñascos, diversamente configurados, que se destacaban como islas del medio de este mar de nubes, y desaparecían a su vez. El espectáculo que se nos ofreció sobre el Páramo de Guamaní, se parecía al que contemplamos desde lo alto del pico de Tenerife. Pudimos creer, al cruzar el paso de Guangamarca, que iban a frustrarse nuestras esperanzas. Mientras sobreexcitados por tal anhelo, luchábamos con el obstáculo de estas potentes montañas, nuestros guías poco seguros del camino, nos prometían de hora en hora la próxima satisfacción de nuestros deseos. En algunos momentos, la capa de nubes que nos envolvía, parecía entreabrirse; pero bien poco después, nuevas alturas surgían ante nosotros, como si se complacieran en reducir nuestro horizonte.

El deseo que tenemos de contemplar ciertos objetos no depende solo de su magnitud, de su belleza y de su importancia; está ligado, en cada uno de nosotros, a las emociones fortuitas de nuestra juventud, a nuestras primeras preferencias hacia tal o cual ocupación, a la impaciencia que nos empuja a las cosas lejanas y a buscar los accidentes de una vida agitada. Estas aspiraciones, por otra parte, toman tanta fuerza, cuanto menos probabilidades hay de verlas jamás satisfechas. Goza el viajero anticipadamente del momento en que la Cruz del Sur y las Nubes de Magallanes que giran en derredor del polo antártico, o las nieves del Chimborazo y las columnas de humo que surgen de los volcanes de Quito, caerán por primera vez ante sus ojos, y en que podrá contemplar un bosquecillo de helechos arbóreos y reposar sus miradas sobre el Océano Pacífico. Los días en que tales votos se realizan, señalan en la vida épocas de indeleble recuerdo, y excitan en nosotros sentimientos cuya vivacidad no debe reprimir la razón. En la impaciencia que yo tenía de contemplar el Océano Pacífico desde lo alto de la cadena de los Andes, entraba por algo el interés con que de niño había escuchado el relato de la expedición llevada a cabo por Vasco Núñez de Balboa, el afortunado aventurero que, anticipándose a Francisco Pizarro, y el primero entre los europeos, pudo contemplar desde las alturas de Quarequa, en el istmo de Panamá, la parte oriental del mar del Sur. Las playas del mar Caspio, cubiertas de cañas en el punto en que lo vi por vez primera en el delta formado por la embocadura del Volga, no son seguramente pintorescas, y sin embargo, este aspecto me causó un vivo placer desde luego, porque recordaba que en mi niñez, cuando recorría con la vista un mapa, me atrajo en particular la forma de este mar interior. Los sentimientos que han despertado en nosotros las primeras impresiones de la infancia, o los accidentes que nacen de las relaciones de la vida, se hacen muchas veces, cuando toman después dirección más seria, ocasión de trabajos científicos y expediciones lejanas.

Después de haber salvado, a través de los escarpados flancos de la montaña, las numerosas ondulaciones que hace el suelo, llegamos al fin al punto culminante del Alto de Guangamarca; despejóse súbitamente la bóveda del cielo, tanto tiempo velada a nuestra vista; el viento, que soplaba con fuerza del Sudoeste, disipó las neblinas, y apareció el azul profundo a través de la atmósfera trasparente de las montañas, entre la línea extrema de las nubes. Toda la vertiente occidental de las Cordilleras, comprendida entre Chorrillos y Cascas, se ofreció a nuestros ojos con sus enormes cantos de cuarzo que miden 4 y 5 metros de longitud; parecía que tocábamos las llanuras de Chala y de Molinos, y la costa de Trujillo.

Contemplábamos al fin por vez primera el mar del Sur; lo veíamos con toda claridad irradiar sobre la playa una masa enorme de luz, y elevarse en su inmensidad hasta el horizonte, que en esta ocasión ya no sospechábamos vagamente. La alegría que experimentaba, y que compartían en igual grado mis compañeros, Bonpland y Carlos Montúfar, nos hizo olvidar la observación barométrica sobre el Alto de Guangamarca. Según las medidas que tomamos cerca de la bahía, un poco más abajo, en una alquería aislada del Alto de Guangamarca, el sitio desde el cual apercibimos el Océano no debe contar más de 2.859 a 2.924 metros.

Compréndese, en efecto, que la vista del Mar del Sur haya tenido algo de solemne para un hombre que debe a su trato con un compañero del capitán Cook una parte de su saber y la dirección dada luego a su curiosidad. Jorge Foster había conocido oportunamente mis planes de viaje en sus rasgos capitales, cuando tuve la dicha de visitar por vez primera bajo su guía la Inglaterra, hace más de medio siglo. Sus delicadas descripciones de Otahiti habían despertado, sobre todo en el Norte de Europa, un interés general y casi una especie de codicia por las islas del mar del Sur. Tenían estas islas entonces el mérito de no haber sido visitadas aún sino por pocos europeos. Por mi parte alimentaba la esperanza de recorrer rápidamente parte de ella, pues mi viaje a Lima tenía el doble fin de observar el paso de Mercurio ante el disco solar, y de cumplir la promesa hecha por mí al capitán Baudin (Nicolás), al dejar a París, de agregarme al viaje de circunnavegación que debía él emprender tan pronto como la República francesa suministrara los fondos necesarios.

Habían dado los diarios de la América septentrional la noticia de que dos corbetas, El Geógrafo y El Naturalista, debían doblar el cabo de Hornos y arribar a El Callao de Lima. Llegóme este rumor en La Habana, a donde me había ido, acabada la exploración de las riberas del Orinoco, y me hizo abandonar inmediatamente mi primer proyecto de dirigirme a Lima por México y las Filipinas. Fleté prontamente un buque que me llevó desde Cuba a Cartagena de Indias, pero la expedición del capitán Baudin tomó una dirección diversa de la que había anunciado. En lugar de doblar el cabo de Hornos, según el itinerario proyectado cuando Bonpland y yo nos decidimos a reunirnos con él, dio vuelta al de Buena Esperanza. Desde entonces, uno de los dos fines que me proponía en mi viaje al Perú y en mi último paso a través de la cadena de los Andes, dejaba de realizarse. Pero tuve la rara dicha de sorprender un día sereno en la región nebulosa del bajo Perú, en medio de una estación nada favorable, y le aproveché para observar en el Callao el paso de

Mercurio ante el disco del Sol, observación que se ha hecho algo importante para la determinación exacta de la longitud de Lima y de la parte Sudoeste del nuevo continente. Así, muchas veces, en la complicación misma que nos presentan las graves circunstancias de la vida, se halla oculto el germen de una preciosa indemnización.

Cuadros de la naturaleza, tomo II, págs. 279-283.

En la región más transparente. Monumentos mexicanos

Ciertamente no puede darse espectáculo más rico y variado que el que presenta el valle, cuando en una hermosa mañana de verano, estando el cielo claro y con aquel azul turquí propio del aire seco y enrarecido de las altas montañas, se asoma uno por cualquiera de las torres de la catedral de México, o por lo alto de la colina de Chapultepec. Todo alrededor de esta colina está cubierto de la más frondosa vegetación. Antiguos troncos de ahuahuetes,[76] de más de 15 o 16 metros de circunferencia, levantan sus copas sin hojas por encima de las de los *schinus*, que en su porte o traza se parecen a los sauces llorones del Oriente. Desde el fondo de esta soledad, esto es, desde la punta de la roca porfídica de Chapultepec, domina la vista una extensa llanura y campos muy bien cultivados que corren hasta el pie de montañas colosales, cubiertas de nieves perpetuas. La ciudad se presenta al espectador bañada por las aguas del lago de Texcoco, que rodeado de pueblos y lugarcillos, le recuerda los más hermosos lagos de las montañas de la Suiza. Por todas partes conducen a la capital grandes calles de olmos y álamos blancos: dos acueductos, construidos sobre elevados arcos, atraviesan la llanura y presentan una perspectiva tan agradable como embelesadora. Al Norte se descubre el magnífico santuario de Nuestra Señora de Guadalupe, construido en la falda de las montañas de Tepeyac, entre unas quebradas a cuyo abrigo se crían algunas dilateras y yucas arbóreas. Al Sur, todo el terreno entre San Ángel, Tacubaya y San Agustín de las Cuevas [Talpan], parece un inmenso jardín de naranjos, duraznos, manzanos, guindos y otros árboles frutales de Europa. Este hermoso cultivo forma contraste con el aspecto silvestre de las montañas peladas que cierran el valle, y entre las cuales se distinguen los famosos volcanes de La Puebla, el Popocatépetl y el Iztaccíhuatl. El primero forma un cono enorme, cuyo cráter siempre encendido y arrojando humo y cenizas, rompe en medio de las nieves eternas.

La ciudad de México es también muy notable por su buena policía urbana. Las más de las calles tienen andenes muy anchos; están limpias y muy bien iluminadas con reverberos de mechas chatas en figura de cintas. Estos

---

76 *Cupressus disticha.* L.

beneficios se deben a la actividad del conde de Revillagigedo, el cual a su llegada al virreinato, encontró aquella capital en un extremo desaseo.

En el suelo de México se encuentra el agua por todas partes a muy corta profundidad; pero es salobre como la del lago de Texcoco. Los dos acueductos que conducen a la ciudad el agua dulce, son monumentos de construcción moderna muy dignos de la atención de los viajeros. Los manantiales de agua potable están al este de la ciudad, uno en el montecillo escueto de Chapultepec y el otro en el cerro de Santa Fe, cerca de la cordillera que separa el valle de Tenochtitlán del de Lerma y de Toluca. Los arcos del acueducto de Chapultepec ocupan un espacio de más de 3.300 metros. El agua de Chapultepec entra por la parte meridional de la ciudad, en el Salto del Agua; no es muy pura y solo se bebe en los arrabales. El agua menos cargada de carbonato de cal es la del acueducto de Santa Fe, que sigue a lo largo de la Alameda y viene a parar a la Tlaxpana, en el puente de la Mariscala. Este acueducto tiene cerca de 10.200 metros de largo; pero el declive del terreno no ha permitido la conducción del agua por arcos sino en un tercio de éste. La antigua ciudad de Tenochtitlán tenía acueductos no menos dignos de atención;[77] pero al principio del sitio, los capitanes Alvarado y Olid destruyeron el de Chapultepec. Cortés habla también, en su primera carta a Carlos V, de la fuente de Amilco, cerca de Churubusco, cuyas aguas fueron conducidas a la ciudad por caños de barro cocido. Esta fuente está inmediata a la de Santa Fe. Aún se conocen los restos de este gran acueducto, que tenía dos cañerías a fin de que el agua pasase por la una de ellas mientras se limpiaba la otra.[78] Esta agua se vendía en canoas que atravesaban las

---

77 Clavigero, III, pág. 195. Solís, I, pág. 406.
78 Lorenzana, pág. 108. La mayor y más bella construcción que han hecho los indígenas en este género, es el acueducto de la ciudad de Texcoco. Todavía se ven con admiración los vestigios de una gran presa que se había construido para levantar el nivel del agua. En general es difícil dejar de admirar la industria y actividad que los antiguos mexicanos y peruanos desplegaron para el riego de las tierras áridas. En la parte marítima del Perú, he visto restos de paredones por encima de los cuales se conducía el agua por un espacio de más de 5 a 6.000 metros, desde el pie de la cordillera hasta las costas. Los conquistadores del siglo XVI han destruido estos acueductos; y esta parte del Perú, como la Persia, ha vuelto a ser un desierto sin ninguna vegetación. Tal es la civilización que los europeos han llevado a los pueblos a quienes han querido dar el epíteto de bárbaros.

calles de Tenochtitlán. Las fuentes de San Agustín de las Cuevas son las más cristalinas y puras; en el camino que conduce de este hermoso pueblo a México, me ha parecido observar también vestigios de un antiguo acueducto. Las fuentes de San Agustín de las Cuevas son las más cristalinas y puras; en el camino que conduce de este hermoso pueblo a México, me ha parecido observar también vestigios de un antiguo acueducto.

Más arriba hemos nombrado las tres calzadas principales que unían la ciudad a la Tierra Firme. Parte de estas calzadas ha resistido al tiempo y aun se ha aumentado su número. En el día son grandes calzadas, empedradas, que atraviesan terrenos pantanosos y que, con motivo de su mucha elevación, reúnen las dos ventajas de servir de camino para los carruajes y de contener las aguas que rebosan de los lagos. La calzada de Ixtapalapa está fundada sobre la misma ya antigua, en que Cortés hizo prodigios de valor en sus encuentros con los sitiados. La calzada de San Antonio se distingue todavía en nuestros días por el gran número de puentecillos que los españoles y los tlaxcaltecas encontraron, cuando Sandoval, camarada de Cortés, fue herido cerca de Coyoacán.[79] Las calzadas de San Antonio Abad, de la Piedad, de San Cristóbal y de Guadalupe (llamado antiguamente de Tepeyacac), fueron construidas de nuevo después de la gran inundación del año de 1604, bajo el virreinato de don Juan de Mendoza y Luna, marqués de Montesclaros. Los padres Torquemada y Jerónimo de Zárate, únicos sabios de aquel tiempo, nivelaron y alinearon las calzadas. En la misma época se empedró la ciudad de México por la primera vez; pues antes del conde de Revillagigedo, no hubo virrey que se dedicase con mejor éxito a la policía urbana que el marqués de Montesclaros.

Los objetos que más comúnmente llaman la atención del viajero son:

1.° La Catedral, una pequeña parte de la cual es del estilo llamado vulgarmente gótico: el edificio principal tiene dos torres adornadas de pilastras y estatuas, es de un orden bastante bello y construcción muy moderna.

2.° La Casa de la Moneda, contigua al palacio de los virreyes; edificio del cual, contando desde principios del siglo XVI, han salido más de mil y trescientos millones de pesos en oro y plata acuñados.

---

79   Lorenzana, págs. 229.243.

3.º Los Conventos, entre los cuales se distingue principalmente el gran convento de San Francisco, que solamente de limosnas tiene una renta anual de cien mil pesos. Este vasto edificio debía haberse construido sobre las ruinas del templo de Huitzilopochtli; pero habiéndose destinado estas mismas ruinas para los cimientos de la catedral, se empezó en 1531 el convento donde hoy está. Debe su existencia a la gran actividad de un fraile lego, llamado fray Pedro de Gante, hombre extraordinario, que dicen era hijo natural del emperador Carlos V, y que vino a ser el bienhechor de los indios, siendo el primero que les enseñó las artes mecánicas más útiles de Europa.

4.º El Hospicio, o por mejor decir, los dos hospicios reunidos, uno de los cuales mantiene 600, y otro 800 niños y ancianos. En este establecimiento reina bastante orden y limpieza, pero poca industria; y tiene 50.000 pesos de renta. Recientemente un comerciante rico le ha legado en su testamento, 1.200.000 pesos, de los cuales se apoderó la tesorería real con promesa de pagar por ellos un interés del cinco por ciento.

5.º La Acordada, bello edificio, cuya cárcel es bastante espaciosa y bien ventilada. En esta casa y en las demás cárceles que dependen de La Acordada, se cuentan más de 1.200 presos, entre ellos un gran número de contrabandistas, y los infelices prisioneros indios mecos que son traídos a México desde las provincias internas y de que hemos hablado en los capítulos 6.º y 7.º

6.º La Escuela de Minas, así el nuevo edificio comenzado, como el antiguo establecimiento provisional con sus hermosas colecciones de física, de mecánica y mineralogía.[80]

7.º El Jardín Botánico, que está en uno de los patios del palacio del virrey, muy pequeño, pero en extremo rico en producciones vegetales raras o de mucho interés para la industria y el comercio.

8.º Los edificios de la Universidad y de la Biblioteca Pública, la cual es poco digna de tan grande y antiguo establecimiento.

---

80 Otras dos colecciones orictognósticas y geológicas muy notables son las del profesor Cervantes, y del oidor Carvajal. Este magistrado respetable posee también un rico gabinete de conchas, que formó durante su residencia en las islas Filipinas en donde ya había manifestado el mismo celo por las ciencias naturales, en que con tanto honor se distingue México.

9.º La Academia de Bellas Artes con su colección de yesos antiguos.[81]

10.º La estatua ecuestre de Carlos IV en la plaza mayor, y el monumento sepulcral que el duque de Monteleón ha dedicado al gran Cortés en una capilla del Hospital de los Naturales. Es un monumento sencillo, familiar, adornado de un busto de bronce que representa al héroe en su edad madura, hecho por Tolsá. ¡Es bien reparable que en toda la América desde Buenos Aires a Monterrey, desde la Trinidad y Puerto Rico a Panamá y Veraguas, en ninguna parte se halla un monumento nacional levantado por la gratitud pública a Cristóbal Colón ni a Hernán Cortés!

Los aficionados al estudio de la Historia y de las antigüedades americanas, no hallarán en el recinto de la capital aquellos grandes restos de edificios que se ven en el Perú, en los contornos de Cuzco y de Guamachugo en Pachacámac cerca de Lima o en Mansiche cerca de Trujillo; en la provincia de Quito, en el Cañar y en el Cayo; en México cerca de Oaxaca y de Puebla. Parece que los únicos monumentos de los aztecas eran los teocallis, de cuya forma extraña hemos hablado ya antecedentemente. Pero no solo el fanatismo cristiano tenía un grande interés en destruirlos, sino que también era necesario hacerlo así por la seguridad del vencedor. Esta destrucción se verificó en parte durante el sitio mismo, porque aquellas pirámides truncadas construidas por hiladas o pisos servían de refugio a los combatientes, como sirvió el templo de Baal Berith a los pueblos de Canaán: eran otros tantos castillos de donde era indispensable desalojar al enemigo.

Por lo que hace a las casas de los particulares que los historiadores españoles nos pintan como muy bajas, no puede sorprendernos el no hallar sino algunos cimientos o paredones poco altos como los que se descubren en el barrio de Tlaltelolco y hacia el canal de Ixtacalco. Aun en la mayor parte de nuestras ciudades de Europa, es bien pequeño el número de casas que existen de las construidas a principios del siglo XVI. Sin embargo, los edificios de México no se han arruinado a fuerza de años. Los conquistadores españoles, animados del mismo espíritu de destrucción que los romanos manifestaron en Siracusa, Cartago y Grecia, no creían haber puesto fin al sitio de una ciudad mexicana hasta que habían arrasado todos sus edificios.

---

81   Véase más arriba.

El mismo Cortés, en su tercera carta a Carlos V[82] da a entender el terrible sistema que siguió en sus operaciones militares. «Y yo viendo como estos de la ciudad estaban tan rebeldes, y con la mayor muestra y determinación de morir que nunca generación tuvo, no sabía qué medio tener con ellos, para quitarnos a nosotros de tantos peligros, y trabajos, y a ellos y a su ciudad no los acabar de destruir, porque era la más hermosa cosa del mundo, y no nos aprovechaba decirles que no habíamos de levantar los reales, ni los bergantines habían de cesar que les dar guerra por agua, ni que habíamos destruido a los de Matalacingo, y Marinalco, y que no tenía en toda la tierra quien los pudiese socorrer, ni tenían de donde haber maíz, ni carne, ni fruta, ni agua, ni otra cosa de mantenimiento. Y cuando más de estas cosas les decíamos menos muestras veíamos en ellos de flaqueza; más antes en el pelear, y en todos sus ardides, los hallábamos con más ánimo que nunca. Y yo viendo que el negocio pasaba de esta manera, y que había ya más de cuarenta y cinco días que estábamos en el cerco, acordé de tomar un medio para nuestra seguridad y para poder más estrechar a los enemigos; y fue como fuésemos ganando por las calles, de la ciudad, que fuesen derrocando todas las casas de ella del un lado y del otro; por manera, que no fuésemos un paso adelante, sin lo dejar todo asolado, y lo que era agua hacerlo tierra firme, aunque hubiese toda la dilación, que se pudiese seguir. Y para esto yo llamé a todos los señores, y principales amigos nuestros, y díjeles lo que tenía acordado: por tanto, que hiciesen venir mucha gente de sus labradores, y trajesen sus coas, que son unos palos, de que se aprovechan tanto como los cavadores en España de azada, y ellos me respondieron que así lo harían de muy buena voluntad, y que era muy buen acuerdo; y holgaron mucho con esto, porque los pareció que era manera, para que la ciudad se asolase; lo cual todos ellos deseaban más que cosa del mundo».

«Entretanto que esto se concertaba se pasaron tres o cuatro días; los de la ciudad bien pensaban que ordenábamos algunos ardides contra ellos, etc.»

Cuando se lee esta sincera relación que el general en jefe hace a su soberano, no puede sorprender el no hallar hoy apenas vestigio de los antiguos edificios mexicanos. Cortés cuenta que los indígenas, para vengarse de las

---

82   Lorenzana, pág. 278

vejaciones que habían experimentado bajo los reyes aztecas, acudieron en gran número y desde provincias bien remotas, luego que supieron que se trataba de destruir la capital. Los escombros de las casas demolidas sirvieron para cegar los canales y poner en seco las calles, para que pudiese maniobrar la caballería española. Las casas, bajas como las de Pekín, en China, eran parte de madera y parte de tetzontli, piedra esponjosa, ligera y quebradiza. Cortés dice: «y como ya nuestros amigos veían la buena orden que llevábamos para la destrucción de la ciudad era tanta la multitud que cada día venían, que no tenían cuento. Y aquel día acabamos de ganar toda la calle de Tacuba, y de adobar los malos pasos de ella... y quemamos las casas del señor de la ciudad que era mancebo de edad de dieciocho años, que se decía Guautimucin...[83] Los de la ciudad como veían tanto estrago, por esforzarse decían a nuestros amigos (los tlaxcaltecas) que no hiciesen sino quemar y destruir, que ellos se las harían tornar a hacer de nuevo, porque si ellos eran vencedores, ya ellos sabían que había de ser así, y si no, que las habían de hacer para nosotros: y de esto postrero plugo a Dios, que salieron verdaderos, aunque ellos son los que las tornan a hacer».[84] Hojeando el Libro del Cabildo, manuscrito de que ya hemos hablado, y que contiene la historia de la nueva ciudad de México desde 1524 a 1529, no he hallado en todas sus páginas sino nombres de personas que se presentaban a los alguaciles para pedir el solar donde estaba antes la casa de tal o tal señor mexicano. Todavía hoy mismo se continúa cegando y desecando los canales antiguos, que atraviesan varias calles de la capital. El número de estos

---

83 El verdadero nombre de este desgraciado rey, último de la dinastía azteca, es Cuauhtemotzin. Es el mismo a quien Cortés hizo quemar las plantas de los pies después de habérselos metido en aceite, sin que este tormento le hiciese declarar en dónde tenía escondidos sus tesoros. Su fin fue el mismo que el del rey de Aculhuacan (Texcoco) y de Tetle-panquetzaltzin, rey de Tlacopan (Tacuba). Estos tres príncipes fueron ahorcados de un árbol; y, según yo lo he visto representado en una pintura jeroglífica que posee el padre Pichardo (de la casa de San Felipe Neri), lo fueron por los pies para prolongar sus tormentos. Este acto de crueldad de Cortés, que historiadores modernos han tenido la debilidad de pintar como efecto de una estudiada política, dio motivo a murmuraciones en el mismo ejército. «La muerte del joven rey», dice Bernal Díaz del Castillo (soldado viejo lleno de probidad y de sencillez en su modo de explicarse) «fue muy injusta: así fue vituperada por todos cuantos seguimos al capitán en su marcha hacia Comajahua».

84 Lorenzana, pág. 286.

148

canales ha disminuido principalmente después del gobierno del conde de Gálvez, a pesar de que la grande anchura de las calles de México hace que los canales estorben allí el concurso de los carruajes mucho menos que en la mayor parte de las ciudades de Holanda.

Entre los escasos restos de antigüedades mexicanas, interesantes para un viajero instruido, que quedan ya en el recinto de la ciudad de México, ya en sus inmediaciones, pueden contarse las ruinas de las calzadas (albarradones) y de los acueductos aztecas; la piedra llamada de los sacrificios, adornada de un bajo relieve que representa el triunfo de un rey mexicano; el gran monumento calendario que con el precedente está abandonado en la plaza mayor; la estatua colosal de la diosa Teoyaomiqui, tendida por el suelo en uno de los corredores de la Universidad y por lo común envuelta en tres o cuatro dedos de polvo, los manuscritos o sean cuadros jeroglíficos aztecas pintados sobre papel de maguey, sobre pieles de ciervo y telas de algodón (colección preciosa de que se despojó injustamente al caballero Boturini,[85] muy mal conservada en el archivo del palacio de los virreyes y cuyas figuras atestiguan la imaginación extraviada de un pueblo que se complacía en ver ofrecer el corazón palpitante de las víctimas humanas a ídolos gigantescos y monstruosos); los cimientos del palacio de los reyes de Acolhuacán, en Texcoco; el relieve colosal, esculpido en la faz occidental del peñasco de *pórfido* llamado el Peñón de los Baños; y otros objetos que recuerdan al observador instruido las instituciones y las obras de pueblos de la raza mongolesa, y cuya descripción y dibujos daré en la relación histórica de mi *Viaje a las regiones equinocciales del Nuevo Continente*.

Los únicos monumentos antiguos que pueden llamar la atención en el valle mexicano por su grandeza y moles, son los restos de las dos pirámides de San Juan de Teotihuacán, situadas al N. E. del lago de Texcoco, consagradas al Sol y a la Luna y llamadas por los indígenas Tonatiuh Itza-cualli, casa del Sol y Meztli Hzacualli, casa de la Luna. Según las medidas tomadas en 1803 por un sabio joven mexicano, el doctor Oteiza, la primera pirámide, que es la más austral, tiene en su estado actual una base de 208 metros de

---

85 Autor de la ingeniosa obra: *Idea de una historia general de la América septentrional*, por el caballero Boturini, Madrid, 1746.

largo y 55 metros (o sean 66 varas mexicanas)[86] de altura perpendicular. La segunda, esto es, la pirámide de la Luna, es 11 metros más baja y su base mucho menor. Estos monumentos, según la relación de los primeros viajeros y según la forma que presentan aún en el día, sirvieron de modelo a los teocallis aztecas. Los pueblos que los españoles encontraron establecidos en la Nueva España, atribuyeron las pirámides de Teotihuacán[87] a la nación tolteca; lo que siendo así, hace subir su construcción al siglo octavo o nono, porque el reino de Tollán duró desde 667 hasta 1031. Los frentes de estos edificios están con la diferencia de cerca de 52', exactamente orientados de N. a S. y de E. a O. Su interior es de arcilla mezclada de piedrezuelas: está revestido de un grueso muro de amigdaloide porosa, encontrándose además vestigios de una capa de cal con que están embutidas las piedras por de fuera. Fundándose algunos autores del siglo XVI en una tradición india, pretenden que lo interior de estas pirámides está hueco. El caballero Buturini dice que el geómetra mexicano Sigüenza no había podido conseguir el horadar estos edificios por medio de una galería. Formaban cuatro hiladas o pisos, de las cuales hoy no se ven sino tres, porque la injuria de los tiempos y la vegetación de los nopales y de los magueyes han ejercido su influjo destructivo sobre la parte exterior de estos monumentos. En otro tiempo se subía a la cima por una escalera de grandes piedras de sillería; y allí, según cuentan los primeros viajeros, se hallaban estatuas cubiertas de hojuelas muy delgadas de oro. Cada una de las cuatro hiladas principales estaba subdividida en gradillas de un metro de alto, de las cuales aún se ven hoy las esquinas. Estas gradas están llenas de fragmentos de obsidiana, que sin duda eran los instrumentos cortantes con que los sacerdotes toltecas y

---

86 Velázquez ha encontrado que la vara mexicana tiene exactamente 31 pulgadas del antiguo pie de rey (de París). La fachada de la casa de los Inválidos de París, solo tiene 600 pies de largo.

87 Sin embargo, Sigüenza, en sus notas manuscritas, las cree obra de la nación olmeca, que habitaba alrededor de la Sierra de Tlaxcala, llamada Matlacueye. Si esta hipótesis, cuyos fundamentos históricos ignoramos, fuese verdadera, serían estos monumentos aún más antiguos; porque los olmecas pertenecen a los primeros pueblos de que la cronología azteca hace mención en Nueva España. También se pretende que es la única nación cuya emigración haya sido no desde el N. y el N. O. (la Asia Mongolesa), sino desde el Oriente de (la Europa).

aztecas (Papahua Tlemacazque o Teopix-que) abrían el pecho de la víctimas humanas. Es sabido que para el laboreo de la obsidiana (itztli) se emprendían grandes obras, de las cuales aún se ven los vestigios en el inmenso número de pozos que se encuentran entre las minas de Moran y el pueblo de Atotonilco el Grande, en las montañas porfídicas de Oyamel y del Jacal, región que los españoles llaman el Cerro de las Navajas.[88]

Se desearía sin duda ver aquí resuelta la cuestión de si estos edificios que excitan la curiosidad y de los cuales el uno (el Tonatiuh Itzacualli) según las medidas exactas de mi amigo el señor Oteiza tiene una masa de 128.970 toesas cúbicas; fueron enteramente construidos por la mano del hombre, o si los toltecas se aprovecharon de alguna colina natural, y la revistieron de piedra y cal. Esta misma cuestión se ha promovido recientemente con respecto a varias pirámides de Gizéh y de Sajarah; y se ha hecho mucho más interesante por las hipótesis fantásticas que Wise ha aventurado acerca del origen de los monumentos de forma colosal del Egipto, de Persépolis y Palmira. Como ni las pirámides de Teotihuacán, ni la de Cholula, de que hablaremos después, no han sido horadadas por su diámetro, es imposible hablar con certidumbre de su estructura interior. Las tradiciones indias que las suponen huecas, son vagas y contradictorias; y atendida su situación en llanuras en que no se encuentra ninguna otra colina, parece también muy probable que el núcleo de estos monumentos no es ninguna roca natural. Lo que se hace también muy notable (especialmente teniendo presentes las aserciones de Pococke acerca de la posición simétrica de las pirámides pequeñas de Egipto) es que alrededor de las casas del Sol y de la Luna de Teotihuacán se halla un grupo o por mejor decir un sistema de pirámides, que apenas tienen 9 o 10 metros de alto. Estos monumentos de que hay centenares, están ordenados en calles muy anchas que siguen exactamente la dirección de los paralelos y meridianos, y que van a parar a los cuatro frentes de las dos pirámides grandes. Las pequeñas pirámides están más espesas hacia el lado austral del templo de la Luna, que hacia el templo del Sol; lo cual, según la tradición del país, consistía en que estaban dedicadas a las estrellas. Parece bastante cierto que servían de sepulturas a los jefes de

---

88   Yo he hallado que la cima del Jacal está a la altura de 3.124 metros; y la Roca de las Ventanas, al pie del Cerro de las Navajas, a la de 2.950 metros sobre el nivel del mar.

las tribus. Toda esta llanura, a que los españoles dan el nombre (tomado de la lengua de la isla de Cuba) de Llano de los Cues, llevó en otro tiempo en las lenguas azteca y tolteca, el nombre de Mictlaoctli o Camino de los Muertos. ¡Cuántas analogías con los momentos del Antiguo Continente! Y este pueblo tolteca que a su llegada al suelo mexicano en el siglo VII construyó bajo un plan uniforme, muchos de estos monumentos de forma colosal, esas pirámides truncadas y divididas por hiladas como el templo de Belo en Babilonia, ¿de dónde había tomado el tipo de tales edificios? ¿Venía él de raza mongolesa? ¿Descendía de un tronco común[89] con los chinos, los hioñux y los japoneses?

Otro monumento antiguo, muy digno de la atención del viajero, es el atrincheramiento militar de Xochicalco, situado al S. S. O. de Cuernavaca, cerca de Tetlama y perteneciente a la parroquia de Xochitepec. Es una colina solitaria de 117 metros de elevación, rodeada de fosos y dividida a mano de hombre en cinco andenes o terrazas, revestida de mampostería. El todo forma una pirámide truncada, cuyos cuatro frentes están exactamente orientados según los cuatro puntos cardinales. Las piedras que son de *pórfido* con base de basalto están cortadas muy regularmente, y adornadas con figuras jeroglíficas, entre las cuales se distinguen cocodrilos echando agua, y lo que es muy particular, hombres sentados con sus piernas cruzadas a la manera asiática. La plataforma de este monumento extraordinario[90] tiene cerca de 9.000 metros cuadrados, y presenta las ruinas de un pequeño edificio cuadrado que sirvió sin duda a los sitiados de último asilo.

Ensayo político sobre el reino de la Nueva España, pág. 119-126.

---

89 Véase la obra de Herder: *Idea de una historia filosófica de la especie humana*; tomo III, pág. 11 (en alemán); y el *Ensayo de una historia universal*, de Gatterer, pág. 489 (en alemán).

90 *Descripción de las antigüedades de Xochicalco*, dedicada a los señores de la expedición marítima bajo las órdenes de don Alejandro Malaspina, por don José Antonio Alzate, México, 1791, pág. 12.

Los indios tristes

No vamos a resolver ahora el problema, a la verdad, muy importante para la historia, de si los mexicanos del siglo XV estaban más civilizados que los peruanos, y si unos y otros, abandonados a sí mismos, hubieran hecho más rápidos progresos hacia la cultura intelectual, que los que han hecho bajo la dominación del clero español. Tampoco examinaremos si, a pesar del despotismo de los reyes aztecas, tenía el individuo particular en México menos estorbos para sus adelantamientos que en el imperio de los incas. En éste, el legislador no había querido ejercer su acción sobre los hombres sino por junto; conteniéndolos dentro de los límites de una obediencia monástica, y tratándolos como máquinas animadas, los forzaba a trabajar en obras que nos asombran por su regularidad, por su grandeza y, sobre todo, por la perseverancia de los que las dirigieron. Si analizamos el mecanismo de la teocracia peruana, que comúnmente se ha encarecido demasiado en Europa, observaremos que en todas partes donde los pueblos están divididos en castas, cada una de las cuales no puede dedicarse sino a cierta especie de trabajos; en todas donde los habitantes no gozan de una propiedad suya particular, y trabajan para beneficio común de la comunidad; en todas estas partes, digo, se podrán encontrar canales, caminos, acueductos, pirámides, edificios inmensos; pero estos pueblos, si bien conservan por miles de años el mismo aspecto de abundancia exterior, no adelantan casi nada en la cultura moral; porque ésta solo es el resultado de la libertad individual.

En el cuadro que vamos bosquejando de las diferentes castas de hombres que componen la población de la Nueva España, nos limitamos a considerar al indio mexicano en su estado actual, y no descubrimos en él ni aquella movilidad de sensaciones, facciones y gestos, ni aquella prontitud de ingenio que caracterizan a muchos pueblos de las regiones equinocciales del África. No hay contraposición más patente, que la que se observa comparando la vivacidad impetuosa de los negros del Congo, con la flema exterior del indio de color bronceado. Esta contraposición hace que las mujeres indias prefieran a los negros, no solo a los hombres de su propia casta, sino aun a los europeos. El indígena mexicano es grave, melancólico, silencioso mientras los licores no le sacan de sí; y esta gravedad se hace aún más notable en los niños indios, los cuales a la edad de cuatro a cinco años descubren mucha más inteligencia y chispa que los hijos de los blancos. El mexicano gusta de hacer un misterio de sus acciones más indiferentes; no se pintan en su fisonomía aun las pasiones más violentas; presenta un no sé qué de espantoso cuando pasa de repente del reposo absoluto a una agitación violenta y desenfrenada. El indígena del Perú tiene costumbres más dulces; la energía del mexicano degenera en dureza. Estas diferencias pueden nacer de las que había en el culto y en el gobierno antiguo de uno y otro país. La energía se despliega principalmente en los habitantes de Tlaxcala; pues en medio de su envilecimiento actual, aún se distinguen los descendientes de aquellos republicanos por cierta arrogancia característica que les inspira el recuerdo de su antigua grandeza.

Los americanos así como los habitantes del Indostán, y como todos los pueblos que han gemido por largo tiempo bajo el despotismo civil y religioso, están apegados con una obstinación extraordinaria a sus hábitos, costumbres y opiniones; y digo a sus opiniones, porque la introducción del cristianismo apenas ha producido otro efecto en los indígenas de México, que el de substituir por unas ceremonias nuevas, símbolos de una religión dulce y humana, las ceremonias de un culto sanguinario. Este paso de un rito antiguo a otro nuevo ha sido efecto de la fuerza y no de la persuasión. Los sucesos políticos han producido esta mudanza. En el Nuevo y Antiguo Continente los pueblos semibárbaros estaban acostumbrados a recibir de las manos del vencedor nuevas leyes y nuevas divinidades; en su concepto los dioses indígenas, una vez vencidos, habían cedido el puesto a los extranjeros. En una mitología tan complicada como la de los mexicanos, era fácil hallar parentesco entre las divinidades de Aztlán y las del Oriente. Cortés mismo supo aprovecharse mañosamente de una tradición popular que suponía que los españoles no eran sino los descendientes del rey Quetzalcóatl, el cual había pasado desde México a otros países situados al Oriente, para llevarles la agricultura y las leyes. Los libros rituales que compusieron los indios en caracteres jeroglíficos al principio de la conquista, y de los que poseo algunos fragmentos, demuestran evidentemente que en aquella época se confundía el cristianismo con la mitología mexicana. El Espíritu Santo se identificaba con el águila sagrada de los aztecas. Los misioneros no solo toleraban, sino que aun favorecían, hasta cierto punto, esta mezcla de ideas por cuyo medio se introducía el culto cristiano más fácilmente entre los indígenas; les persuadieron que ya en tiempos muy antiguos se había predicado el evangelio en América, y buscaron las huellas de esto en el rito azteca con el mismo ardor con que en nuestros días los sabios que se entregan al estudio del sánscrito indagan la analogía entre la mitología griega y la de las orillas del Ganges y del Brahmaputra.

Estas circunstancias, que especificaré con más pormenor en otra obra, explican cómo los indígenas mexicanos han olvidado fácilmente sus antiguos ritos, a pesar de la tenacidad con que están apegados a todo lo que les viene de sus padres. No es un dogma el que ha cedido a otro dogma, es solo un ceremonial, el cual ha dejado el puesto a otro. Los naturales no conocen de la religión más que las formas exteriores del culto. Amantes de todo lo que depende de un orden de ceremonias prescritas, encuentran ciertos placeres en el culto cristiano. Las festividades de la iglesia, los fuegos artificiales que las acompañan, y procesiones mezcladas de danzas y de disfraces barrocos, son para la gente común india un manantial fecundo de diversiones. En estas fiestas es donde se despliega el carácter nacional en toda su individualidad. En todas partes el rito cristiano ha tomado el color del país a donde ha sido trasplantado. En las islas Filipinas y Marianas, los pueblos de la raza malaya lo han mezclado con sus propias ceremonias; en la provincia de Pasto, sobre el lomo de la cordillera de los Andes, he visto indios con máscaras y llenos de cascabeles hacer danzas salvajes alrededor del altar, mientras que un fraile de San Francisco elevaba la hostia.

Avezados los indígenas de México a una larga esclavitud, tanto bajo la dominación de sus soberanos como de la de los primeros conquistadores, sufren con paciencia las vejaciones a que todavía se hallan frecuentemente expuestos de parte de los blancos; sin oponer contra ellas sino la astucia encubierta bajo el velo de las apariencias más engañosas de la apatía y estupidez. No pudiendo el indio vengarse de los españoles sino muy rara vez, se complace en hacer causa común con éstos para oprimir a sus propios conciudadanos: vejado desde muchos siglos, forzado a una obediencia ciega, desea a su turno tiranizar a otros. Los pueblos indios están gobernados por magistrados de la raza bronceada; y el alcalde indio ejerce su poder con una dureza tanto mayor, cuando está seguro de ser sostenido por el cura o por

155

el subdelegado español. La opresión produce en todas partes unos mismos efectos; en todas corrompe la moral.

Perteneciendo casi todos los indígenas a la clase de gente del campo, y del populacho, es difícil juzgar de su aptitud para las artes que adornan y dulcifican la vida humana. No conozco ninguna raza de hombres que al parecer tengan menos imaginación. Cuando un indio llega a un cierto grado de cultura, manifiesta una grande facilidad para aprender, un juicio exacto, una lógica natural, una particular inclinación a sutilizar o a discernir las más exquisitas diferencias entre los objetos que compara; raciocina fríamente y con orden, pero no manifiesta esta vivacidad de imaginación, este colorido de pasión, este arte de crear y producir que caracteriza a los pueblos del mediodía de la Europa y a diversas tribus de negros africanos. Sin embargo no apunto esta opinión sino con timidez; es preciso ser circunspecto en extremo cuando se trata de decidir acerca de lo que se llaman disposiciones morales o intelectuales de los pueblos que están separados de nosotros por los millares de estorbos que nacen de la diferencia de idiomas, hábitos y costumbres. El observador filósofo encuentra mucha inexactitud en cuanto se ha impreso en el centro de la culta Europa acerca del carácter nacional de los españoles, de los franceses, italianos y alemanes. ¿Cómo, pues, un viajero, con solo haber arribado a una isla, con haber estado algún tiempo en un país remoto, puede arrogarse el derecho de sentenciar sobre la diversidad de las facultades del alma, y sobre la superioridad de la razón, del ingenio y de la imaginación de cada pueblo?

La música y el baile de los indígenas participa de aquella falta de alegría natural que los distingue. Bonpland y yo hemos observado lo mismo en toda la América Meridional. El canto es lúgubre y melancólico. Las mujeres indias manifiestan más vivacidad que los hombres; pero bien se ve la parte que les cabe en la desgraciada esclavitud a que está condenado su sexo en todos los pueblos donde la civilización es todavía muy imperfecta. Las mujeres no toman parte en los bailes; asisten a ellos para ofrecer a los bailarines las bebidas fermentadas que ellas mismas han preparado.

Los mexicanos han conservado un gusto particular para la pintura y por la escultura en piedra y en madera. Es admirable ver lo que hacen con un mal cuchillo y en las maderas más duras. Principalmente se ejercitan en pintar imágenes y en hacer estatuas de santos, imitando servilmente, después de 300 años, los modelos que los europeos les llevaron al principio de la conquista; imitación que viene de un principio religioso de fecha muy antigua. En México, como en el Indostán, no era lícito a los fieles el mudar la menor cosa en la figura de los ídolos; todo cuanto pertenecía al rito de los aztecas y de los hindúes estaba sujeto a leyes inmutables. He aquí por qué se cae en errores cuando se juzga del estado de las artes y del gusto nacional de estos pueblos, atendiendo solo a lo monstruoso de las figuras que representaban sus divinidades. En México las imágenes cristianas han conservado parte de esta dureza y sequedad de lineamientos característicos de las pinturas jeroglíficas del siglo de Moctezuma. Muchos niños indios, educados en los colegios de la capital, o instruidos en la Academia de pintura fundada por el rey, se han distinguido ciertamente; pero siempre menos por su ingenio que por su aplicación. Sin salir jamás de la ruta una vez abierta, manifiestan mucha aptitud para el ejercicio de las artes de imitación, y todavía mayor para las puramente mecánicas. Llegará a ser preciosísima esta aptitud cuando tomen aliento las manufacturas en un país en donde todo está por crear y aguardando la mano de un gobierno regenerador.

Ensayo político sobre el reino de la Nueva España, pág. 62-65.

Riquezas y esclavos

La fama, esparcida en Europa, de la grandeza de estas riquezas mexicanas, ha hecho concebir ideas muy exageradas sobre la abundancia de oro y plata, que se emplean en la Nueva España en vajilla, muebles, utensilios de cocina y jaeces. Un viajero que llevare su imaginación exaltada con estos cuentos de llaves, cerraduras y goznes de plata maciza, se hallará sorprendido, llegando a México, al no ver allí más metales preciosos empleados en el uso de la vida doméstica que en España, Portugal y otras partes de la Europa Austral; extrañará, cuando más, el ver en México, el Perú, o en Santa Fe, gentes del pueblo con los pies desnudos, pero guarnecidos de enormes espuelas de plata, o el encontrar el uso de vasos y platos de plata algo más común que en Francia e Inglaterra. Pero cesará la sorpresa del viajero, si tiene presente que la porcelana es muy rara en aquellas regiones modernamente civilizadas; que la naturaleza de los caminos de montaña hace sumamente difícil su transporte, y que en un país donde el comercio es poco activo, es muy indiferente el tener parados algunos centenares de pesos fuertes, o algún capital, en muebles de plata. Por lo demás, no obstante la enorme diferencia de riquezas que presentan el Perú y México, cuando se consideran separadamente las fortunas de algunos particulares, me inclinaría a creer que ha habido un bienestar más verdadero en Lima que en México, porque allí es mucho menor la desigualdad de fortunas. Al paso que en Lima, como hemos dicho antes, donde es más raro encontrar personas particulares que gocen más de 10 a 12.000 pesos de renta, se encuentra en cambio un gran número de artesanos mulatos y de negros libres, a quienes la industria da mucho más de lo necesario. Son bastante comunes en esta clase los capitales de 10 a 15.000 pesos, mientras que en México hormiguean de 20 a 30.000 zaragates y guachinangos, cuya mayor parte pasan la noche a la inclemencia, y por el día se tienden al Sol, desnudos y envueltos en una manta de franela. Estas heces del pueblo, compuestas de indios y mestizos, presentan mucha analogía con los lazarones de Nápoles. Aunque perezosos, abandonados y sobrios los guachinangos como éstos, no tienen nada de feroz en su índole; nunca piden limosna; si trabajan un día o dos por la semana, ganan lo que han menester para comprar el pulque, o algún pato de los que cubren las lagunas mexicanas, y que comen asados con su propia grasa. El caudal de los zaragates rara vez pasa de dos o tres reales; pero el pueblo de Lima, más aficionado a lucirlo, a gozar y acaso también más industrioso, gasta muchas veces de dos a tres pesos en un día. Podría decirse que la mezcla de europeo y negro produce en todas partes una raza de hombres más activa y constante en el trabajo, que la del blanco con el indio mexicano.

Entre todas las colonias de los europeos bajo la zona tórrida, el reino de Nueva España es en donde hay menos negros; y casi puede decirse que no hay esclavos. Se cruza toda la ciudad de México sin encontrar una cara negra, y el servicio de las casas no se hace por esclavos. En esta parte México presenta un singular contraste con La Habana, Lima y Caracas. Según noticias exactas, tomadas por personas de las que trabajaron en el censo del año de 1793, apenas parece que hay seis mil negros en toda la Nueva España, y cuando más nueve o diez mil esclavos, cuya mayor parte se halla en los puertos de Acapulco y Veracruz, o en las tierras calientes. El número de esclavos es cuatro veces mayor en la capitanía general de Caracas, la cual no tiene la sexta parte de habitantes que México. Los negros de la Jamaica son a los de Nueva España como 250:1. En las Antillas, el Perú, y aun en Caracas, los progresos de la agricultura y de la industria, en el actual estado de cosas, dependen por lo común del aumento de los negros. En la isla de Cuba, por ejemplo, en donde la exportación anual de azúcar ha subido en doce años desde 400.000 a un millón de quintales, se han introducido desde 1792 a 1803 cerca de 53.000 esclavos.[91] En México por el contrario el aumento de la prosperidad colonial no depende, por ningún título, del aumento de introducción de negros. Hace veinte años que apenas se conocía en Europa el azúcar mexicano, y hoy día solo Veracruz exporta más de 120.000 quintales; y a pesar de los progresos que, desde la revolución de Santo Domingo, ha hecho en Nueva España el cultivo de la caña de azúcar, no por eso se ha aumentado sensiblemente el número de esclavos. Entre los 74.000 negros

---

91   Según los estados de la aduana de La Habana, de que tengo copia, la introducción de negros fue desde 1799 hasta 1803, de 34.500, de los cuales mueren un 7 por ciento cada año.

con que el África[92] abastece anualmente a las regiones equinocciales de la América y del Asia, los cuales equivalen en las colonias mismas a una suma de 111.000.000 de francos, apenas desembarcan ciento en las costas de México.

Según las leyes, no hay indios esclavos en las colonias españolas. Sin embargo, por un abuso bien extraño, dos especies de guerra, muy diferentes al parecer entre sí, dan ocasión a una suerte de hombres que se asemeja mucho a la del esclavo africano. Los frailes misioneros de la América Meridional hacen de cuando en cuando incursiones en los países ocupados por tribus pacíficas de indios, llamados indios bravos, porque no han aprendido todavía a hacer la señal de la Cruz como los indios, no menos desnudos, de las misiones a los que llaman indios reducidos. En estas incursiones nocturnas, dictadas por el fanatismo más criminal, se apoderan de todo lo que pueden coger, y principalmente de niños, mujeres y viejos; y separan sin compasión los hijos de sus madres, para evitar que busquen de acuerdo unos con otros los medios de escaparse. El fraile que hace de jefe de esta expedición distribuye la gente joven entre los indios de su misión, que más han contribuido al buen éxito de las entradas. En el Orinoco y en las orillas del río Negro portugués, se da a estos prisioneros el nombre de poitos, y son tratados como esclavos hasta la edad en que pueden casarse. El deseo de tener poitos y hacerlos trabajar durante ocho o diez años, da motivo a que los indios de las misiones inciten a los frailes para hacer entradas; bien que comúnmente los obispos han tenido la prudencia de reprobarlas, considerándolas como medios de hacer odiosa la religión y sus ministros. En México los prisioneros hechos en la guerrilla que casi de continuo se está haciendo en las fronteras de las provincias internas, tienen aún más desgraciada suerte que los poitos; porque aquéllos, que por lo común son de la nación india de los mecos o apaches, son llevados a México y encerrados en los calabozos de La Acordada. La soledad y la desesperación aumentan su ferocidad; deportados luego a Veracruz e isla de Cuba, perecen bien pronto, como todo indio salvaje trasplantado desde el alto llano central a las regiones más bajas y calientes. Ha habido ejemplos recientes de que estos prisioneros mecos,

---

92   Según el señor Norris y los informes que los negociantes de Liverpool dieron al Parlamento de Inglaterra en 1787.

escapados de los calabozos, han cometido las más atroces crueldades en las campiñas inmediatas. A la verdad sería ya tiempo de que el gobierno llevase su atención hacia estos desgraciados, cuyo número es corto y cuya suerte sería por lo mismo muy fácil de mejorar.

Ensayo político sobre el reino de la Nueva España, pág. 86-88.

La (mala) memoria de América

Los habitantes de Araya, que por segunda vez hemos visitado tornando del Orinoco, no han olvidado que su península es uno de los puntos más antiguamente poblados por los castellanos. Gústales hablar de la pesca de las perlas, de las ruinas del castillo de Santiago, que se lisonjean de verlo algún día reconstruido, y de todo lo que llaman ellos el viejo esplendor de estas comarcas. En la China y el Japón miran como invenciones recientes las que solo se conocen de dos mil años acá; y en las colonias europeas parece sumamente antiguo un acontecimiento que remonta a tres siglos, a la época del descubrimiento de la América.

Esta falta de recuerdos que caracteriza a los pueblos nuevos, sea en los Estados Unidos, sea en las posesiones españolas y portuguesas, es bien digna de atención. No solamente es algo aflictivo para el viajero que se encuentra privado de los más bellos goces de la imaginación, sino que influye también en los lazos más o menos fuertes que sujetan al colono el suelo que habita, a la forma de las rocas que circunda su cabaña, a los árboles que han sombreado su cuna.

Entre los antiguos, por ejemplo, los fenicios y los griegos, las tradiciones y los recuerdos nacionales pasaron de la metrópoli a las colonias, donde, perpetuándose de generación en generación, no cesaron de influir favorablemente sobre las opiniones, costumbres, y política de los colonos. Los climas de estos primeros establecimientos ultramarinos diferían poco del de la madre patria. Los griegos del Asia menor y de Sicilia no fueron extranjeros para los habitantes de Argos, de Atenas, de Corinto, de quienes tenían por gloria descender. Una grande analogía de costumbres contribuía a cimentar la unión que se fundaba en intereses religiosos y políticos. Con frecuencia ofrecían las colonias las primicias de las mieses en los templos de las metrópolis; y cuando por un siniestro accidente se apagaba el fuego sagrado en los altares de Hestia, se enviaba a los Pritáneos de la Grecia a buscarlo desde el fondo de la Jonia.[93] Por todas partes, en la Cirenaica como en las playas de Meótide, se conservaron las antiguas tradiciones de la madre patria. Otros recuerdos, igualmente propios para conmover la imaginación, eran inherentes a las colonias mismas. Tenían sus bosques sagrados, sus

---

93 Clavier, *Hist. des premier temps de la Grece*, tomo II, pág. 67 (tomo I, pág. 188).

divinidades tutelares, su mitología local, y eso que da vida y duración a las ficciones de las primeras edades, poetas cuya gloria dilataba su esplendor hasta en la metrópoli.

Estas ventajas, y aun otras todavía, faltan a las colonias modernas. La mayor parte de ellas está fundada en una zona donde el clima, las producciones, el aspecto del cielo y del paisaje, difieren totalmente de los de Europa. En vano da el colono a las montañas, a los ríos, a los valles, nombres que recuerdan los lugares de la madre patria; estos nombres pierden pronto su atractivo, y ya no hablan a las generaciones siguientes. Bajo la influencia de una naturaleza exótica nacen hábitos adaptados a nuevas necesidades; los recuerdos nacionales se borran insensiblemente, y los que se conservan, semejantes a las fantasías de la imaginación, no se refieren ya ni a un tiempo ni a un lugar determinado. La gloria de don Pelayo y del Cid Campeador ha penetrado hasta las montañas y las selvas de la América; pronuncia a veces el pueblo esos nombres ilustres, pero se presentan a su espíritu como pertenecientes a un mundo ideal, a la vaguedad de los tiempos fabulosos.

Este nuevo cielo, este contraste de los climas, esta conformación física del país, obran sobre el estado de la sociedad en las colonias mucho mejor que el alejamiento absoluto de la metrópoli. Tal es el perfeccionamiento de la navegación moderna, que las bocas del Orinoco y del río de la Plata parecen más cerca de España que lo que estaban antaño el Fasis y el Tarteso de las costas de Grecia y de Fenicia. Y con esto observaremos que, en regiones igualmente alejadas, las costumbres y tradiciones de la Europa se han conservado mejor en la zona templada y en las faldas de las montañas ecuatoriales, que en las llanuras de la zona tórrida. La analogía de posición contribuye a mantener, hasta cierto punto, relaciones más íntimas entre los colonos y la metrópoli. Esta influencia de las causas físicas sobre el estado de las sociedades nacientes se manifiesta sobre todo cuando se trata de porciones de pueblos de una misma raza que nuevamente se han separado. Al recorrer el nuevo mundo creemos encontrar más tradiciones, más frescor en los recuerdos de la madre patria, donde quiera que el clima permite el cultivo de los cereales. En este concepto, Pensilvania, Nuevo México y Chile se asemejan a esas altiplanicies elevadas de Quito y Nueva España, que están cubiertas de encinas y pinabetes.

Entre los antiguos, la historia, las opiniones religiosas y el estado físico de un país se mantenían mediante lazos indisolubles. Para olvidar el aspecto de los lugares y las antiguas revoluciones de la metrópoli, el colono habría estado en el caso de renunciar al culto trasmitido por sus antepasados. En los pueblos modernos, ya la religión no tiene, por decirlo así, un color local. Dando más extensión a las ideas, recordando a todos los pueblos que ellos son parte de una misma familia, el cristianismo debilitó el sentimiento nacional, y esparció en ambos mundos las vetustas tradiciones del Oriente y otras que le son propias. Naciones que difieren en origen e idiomas recibieron por él comunes recuerdos; y el establecimiento de las misiones, después de haber echado las bases de la civilización en una gran parte del nuevo continente, dio a las ideas cosmogónicas y religiosas una preeminencia señalada sobre los recuerdos puramente nacionales.

Hay más todavía: las colonias de la América están casi todas fundadas en comarcas donde las generaciones extinguidas han apenas dejado algún vestigio de su existencia. Al Norte del río Gila, en las orillas del Missouri, en las llanuras que se extienden al Este de los Andes, las tradiciones no suben a más de un siglo. En el Perú, en Guatemala y en México, testifican, es verdad, ruinas de edificios, pinturas históricas y monumentos de escultura la antigua civilización de los indígenas; pero en una provincia entera apenas se encuentran algunas familias que tengan nociones precisas de la historia de los incas y los príncipes mexicanos. El indígena ha conservado su lengua, su traje y su carácter nacional; pero la falta de equipos y de pinturas simbólicas, la introducción del cristianismo y otras circunstancias que en otra parte ha desarrollado, han hecho desaparecer poco a poco las tradiciones históricas y religiosas. Por otra parte, el colono de raza europea desdeña todo lo que se refiera a los pueblos vencidos. Colocado entre los recuerdos de la metrópoli y los del país que le ha visto nacer; considera con igual indiferencia unos y otros; bajo un clima en que la igualdad de las estaciones vuelve casi insensible la sucesión de los años, no se entrega sino a los goces del presente y pasea raramente sus miradas por los tiempos pretéritos.

¡Y qué diferencia asimismo entre la historia monótona de las colonias modernas y el variado cuadro que ofrece la legislación, las costumbres y las revoluciones políticas de las colonias antiguas! Su cultura intelectual, modificada por las formas diversas de su gobierno, excitaba a menudo la envidia de las metrópolis. Por esta feliz rivalidad las artes y las letras alcanzaron el más alto grado de esplendor en Jonia, en la Gran Grecia y en Sicilia. En nuestros días, al contrario, las colonias no tienen ni historia ni literatura nacionales. Las del nuevo mundo casi nunca han tenido vecinos poderosos, y el estado en la sociedad no ha sufrido en ellas sino cambios insensibles. Sin existencia política, estos establecimientos de comercio y de agricultura solo han tenido una parte pasiva en las grandes agitaciones del mundo.

La historia de las colonias modernas no presenta más que dos acontecimientos memorables: su fundación y su separación de la madre patria. El primero de estos acontecimientos es rico en recuerdos que esencialmente pertenecen a los países ocupados por los colonos; pero lejos de recordar los progresos pacíficos de la industria o el perfeccionamiento de la legislación colonial, no exhibe sino actos de injusticia y de violencia. ¿Qué encanto pueden tener esos tiempos extraordinarios en que, bajo el reino de Carlos V, desplegaban los castellanos más valor que virtudes, y en que el honor caballeresco, así como la gloria de las armas, fueron manchados por el fanatismo y la sed de riquezas? Los colonos, suaves de carácter, y libertados por su posición de los prejuicios nacionales, aprecian en su justo valor las hazañas de la conquista. Los hombres que brillaron en esa época son europeos, son soldados de la metrópoli. Parecen extranjeros para los habitantes de las colonias, porque tres siglos han bastado para soltar los lazos de la sangre. Sin duda que entre los conquistadores hubo hombres probos y generosos; más confundidos en la masa, no pudieron librarse de la prescripción general.

Creo haber indicado las causas principales que, en las colonias modernas, hacen desaparecer los recuerdos nacionales sin reemplazarlos dignamente con otros que se refieran al país nuevamente habitado. Esta circunstancia, no nos cansaremos de repetirlo, ejerce una grande influencia sobre la situación de los colonos. En tiempos tormentosos de una regeneración política estos se encuentran aislados, semejantes a un pueblo que, renunciando al estudio de sus anales, dejara de aprender lecciones de sabiduría en las desdichas de los siglos anteriores.

Viaje a las regiones equinocciales del Nuevo Continente, tomo I, págs. 455-460.

Sentido de la emancipación

Muchos años habrán de pasar, sin duda, antes de que diecisiete millones de habitantes expandidos en una superficie que es cinco veces más grande que la Europa entera, lleguen a un equilibrio estable, gobernándose a sí mismos. El momento más crítico es aquel en que los pueblos por largo tiempo subyugados se encuentran, de pronto, libres para arreglar su existencia en beneficio de su prosperidad. Se repite sin cesar que los hispanoamericanos no están suficientemente avanzados en la cultura para gozar de instituciones libres. Recuerdo que en época no muy lejana se aplicaba este mismo razonamiento a otros pueblos que se decían demasiado maduros en su civilización. La experiencia prueba, sin duda, que, en las naciones como en los individuos, el talento y el saber son frecuentemente inútiles para la felicidad; pero, sin negar la necesidad de cierto caudal de luces y de instrucción popular para la estabilidad de las repúblicas o de las monarquías constitucionales, pensamos que esta estabilidad depende menos del grado de cultura intelectual que de la fuerza del carácter nacional, de esa mezcla de energía y de calma, de ardor y de paciencia que sostienen y perpetúan las instituciones, de las circunstancias locales en que un pueblo se encuentra, y en fin, de las relaciones políticas de un estado con los estados limítrofes.

Si las colonias modernas, en la época de su emancipación, manifiestan todas una tendencia más o menos pronunciada por las formas republicanas, la causa de este fenómeno no debe ser únicamente atribuida a un principio de imitación que actúa sobre las masas más aun que sobre los hombres aisladamente; ella se funda, sobre todo, en la posición en que se encuentra una sociedad separada repentinamente de un mundo más antiguamente civilizado, libre de todo nexo exterior, compuesta por individuos que no reconocen preponderancia política en una misma casta. Los títulos acordados por la madre patria a un pequeño número de familiares de América no han formado allí, lo que se llama en Europa una aristocracia nobiliaria. La libertad puede expirar en la anarquía o por la usurpación efímera de algún jefe audaz, pero los verdaderos elementos de la monarquía no se encuentran por ninguna parte, en el seno de las colonias modernas. Al Brasil fueron importados del exterior en el momento en que este vasto país gozaba de una paz profunda, mientras que la metrópoli caía bajo el yugo extranjero.

Reflexionando sobre el encadenamiento de las cosas humanas, se concibe cómo la existencia de las colonias modernas, o mejor, cómo el descubrimiento de un continente medio poblado y en el cual solo un desarrollo tan extraordinario del sistema colonial ha sido posible, ha debido hacer revivir en gran escala y hacer más frecuentes las formas del gobierno republicano. Escritores célebres han observado los cambios que el orden social ha sufrido en nuestro tiempo, en una parte considerable de Europa, como un efecto tardío de la reforma religiosa operada al comienzo del siglo XVI. No olvidemos que esta época memorable, en la cual las pasiones ardientes y el gusto por los dogmas absolutos fueron los escollos de la política europea, es también la época de la conquista de México, del Perú y de Cundinamarca; conquista que, según las nobles expresiones del autor de *El Espíritu de las Leyes*, deja a cargo de la metrópoli el pago de una deuda inmensa para reconciliarse con la humanidad. Vastas provincias abiertas a los colonos por el valor castellano, quedaron unidas por nexos comunes de lenguaje, costumbres y religión. Es así como, por una extraña simultaneidad de los sucesos, el reinado del monarca más poderoso y más absoluto de Europa, Carlos V, preparó la lucha del siglo XIX y dejó las bases de estas asociaciones políticas que, apenas bosquejadas, nos sorprenden por su extensión y la tendencia uniforme de sus principios. Si la emancipación de la América Española se consolida, como todo lleva a hacerlo esperar hasta hoy, un brazo de mar, el Atlántico, ofrecerá, en sus dos orillas, formas de gobiernos que, por ser opuestas, no son necesariamente enemigas. Las mismas instituciones no pueden ser saludables a todos los pueblos de ambos mundos; la prosperidad creciente de una república no es un ultraje a las monarquías cuando éstas son gobernadas con sabiduría y con respeto por las leyes y por las libertades públicas.

Viaje a las regiones equinocciales del Nuevo Continente, tomo I, págs. 242-244.

Libros a la carta

A la carta es un servicio especializado para

empresas,

librerías,

bibliotecas,

editoriales

y centros de enseñanza;

y permite confeccionar libros que, por su formato y concepción, sirven a los propósitos más específicos de estas instituciones.

Las empresas nos encargan ediciones personalizadas para marketing editorial o para regalos institucionales. Y los interesados solicitan, a título personal, ediciones antiguas, o no disponibles en el mercado; y las acompañan con notas y comentarios críticos.

Las ediciones tienen como apoyo un libro de estilo con todo tipo de referencias sobre los criterios de tratamiento tipográfico aplicados a nuestros libros que puede ser consultado en linkgua-digital.com.

Linkgua edita por encargo diferentes versiones de una misma obra con distintos tratamientos ortotipográficos (actualizaciones de carácter divulgativo de un clásico, o versiones estrictamente fieles a la edición original de referencia).

Este servicio de ediciones a la carta le permitirá, si usted se dedica a la enseñanza, tener una forma de hacer pública su interpretación de un texto y, sobre una versión digitalizada «base», usted podrá introducir interpretaciones del texto fuente. Es un tópico que los profesores denuncien en clase los desmanes de una edición, o vayan comentando errores de interpretación de un texto y esta es una solución útil a esa necesidad del mundo académico.

Asimismo publicamos de manera sistemática, en un mismo catálogo, tesis doctorales y actas de congresos académicos, que son distribuidas a través de nuestra Web.

El servicio de «libros a la carta» funciona de dos formas.

1. Tenemos un fondo de libros digitalizados que usted puede personalizar en tiradas de al menos cinco ejemplares. Estas personalizaciones pueden ser de todo tipo: añadir notas de clase para uso de un grupo de estudiantes,

introducir logos corporativos para uso con fines de marketing empresarial, etc. etc.

2. Buscamos libros descatalogados de otras editoriales y los reeditamos en tiradas cortas a petición de un cliente.